人生有所謂 決斷無所畏

做好決定，
告別糾結人生！

電通集團CEO
唐心慧

目次

Chapter 1

走過成長

Chapter 2

選擇工作

Chapter 3

成功領導

Chapter 4

情繫伴侶

Chapter 5

守護家人

推薦序 1

人生無所畏，你就能有所為

迅銷集團全球資深副總裁　吳品慧

和 Jennifer（唐心慧）相識二十年了，當時我任職臺灣聯合利華市場部，她在奧美廣告，是我當時公司的廣告戰略夥伴。我們從年輕氣盛的小姑娘、一路「不打不相識」的職場經理人，到「愈看愈順眼」並成為人生相互支持的好姊妹……我見證著心慧懷孕生子、為家人事業而奮鬥不懈，也為同事朋友無私地付出奉獻。

心慧一路以堅毅不撓的決斷力，和勇敢熱情的實踐力，譜出她每一階段人生和事業上美麗而感人的新樂章！

二十年來，心慧一路築夢踏實，在追求理想的過程中，一次又一次挑戰人生成長的課題和困難，創造許多的「Mission Impossible」。我真心為這位好姊妹感到驕傲、感到幸福。

心慧在很多人眼裡是個能幹自信的女強人，這絕對是事實，但心慧在我心裡，是一個非常真、善、美的俏女神！她對家人無微不至的愛和責任，對朋友滿滿的愛和重情重義，對同事真心付出的愛和包容……才是我眼裡及心裡最美、最不同的心慧。

在職場多年，見識過不少能幹的女人及男人，但很少有這麼年輕就成功的職場人，能夠一路堅持「真、善、美」的價值觀並力行實踐，進而贏得人生和職場上，一場又一場的成功戰役。

我想，「真、善、美」才是心慧「決斷力」的內在泉源和智慧。

因為她一直相信「真、善、美」，也一直創造並實踐「真、善、美」，所以心慧的人生才能無所畏而有所為。

心慧的新書《人生有所謂，決斷無所畏》共分五個章節，分享如何培養人生各個階段中，不同「決斷力」的洞察、價值觀和方法論。從她小時候的異鄉學習經歷到選擇工作、選擇人生伴侶，及經營職場和家庭生活、凝聚團隊夥伴，最後到教養子女的人生價值觀，這是很多現代職場人都必須面臨的人生決斷力課題。

透過心慧的故事和分享，相信不管讀者處於人生哪一個階段，都可以從這本新書中，得到關於決斷力在人生不同階段的洞察、智慧和啟發。

最後，我想以王陽明的心學，為心慧的新書《人生有所謂，決斷無所畏》做個總結分享：

心外無物，知行合一，事上練，致良知！
無善無惡心之體，有善有惡意之動，
知善知惡是良知，為善去惡是格物。
以此自修，直躋聖位，以此接人，更無差失。

推薦序 2

為自己，也為決定負責

中保科技暨國產建材實業集團副總裁　林明昇

作者 Jennifer 誠如本書中所呈現的：是一位有愛心、熱情、專業、觀察力及創新力，而且有能力做出決定也勇於負責的人。她除了有膽識，也充分體現專業成功人士的特質，擁有堅強、專注和不屈不撓的個性。

這本書深入探討現代職場的許多面向，也提及習慣和品格的培養，是如何造就成功的領導者；其次，也深刻描寫「決斷力」，這是一種能及時做出正確決策的能力。書中內容包含許多層面，像是解決問題的能力、領導力、邏輯推理、直覺、團隊合作、情緒管理、創造力、時間管理和組織能力等，Jennifer 用許多例子和自身故事來解釋，告訴讀者如何發展、學習這些能力及應用決策的技巧。此外，若想凝聚團隊向心力並達成良好溝通，背後要付出的耐心和毅力，也是書中闡述的重要策略之一。

更重要的是，Jennifer 也分享她如何經營工作以外的生活，即「該怎麼做」才能在成功商業女性及賢妻良母等多重角色中保持平衡。因為她的處世哲學就是「勇敢面對遇到的問題，並且對自己誠實」。

若用 Jennifer 的話來總結：「幫助他成為強大的自己，適時放手，為自己的決定負責，以換得決策自由。」這個「他」可以替換成任何你想幫助的人，讓他們自由，並有能力做出決定且承擔結果，才是最終的愛。

推薦序 3

有決斷力，就不怕做決定

唐爸爸

我也是廣告人，跟心慧算是同行。心慧初回國剛投入廣告業時，很多人都介紹她是唐爸爸的女兒，但幾年後大家紛紛改口，說我是唐心慧的爸爸。一開始，真有點不習慣。

心慧從小貼心，功課不必我操煩，讀國小時就立志考上北一女，還要媽媽帶她到學校參觀，可是她弟弟就沒這麼幸運，國一時在學校遭到同學霸凌，我做爸爸的人當然心焦不已，她住在紐約的叔叔勸我，乾脆送小孩到紐約唸書，心慧全都看在眼裡，知道爸爸媽媽的憂慮。有一天她跟我講願意帶弟弟到美國讀書，一個孩子離開臺灣我已經不放心，更何況一次去兩個，加上自己又聽過太多太多故事，要不要放兒女在國中就單飛，內心糾結了許久，最後拗不過心慧的堅持才狠下心來點頭。出國前，她答應我絕對不會學壞，也會好好照顧弟弟，做爸爸的半信半疑，畢竟她年紀這麼小，還不知道世間險惡，現在證明心慧確實說到做到。

心慧樂於助人，凡事謀定而後動，她不怕碰到困難，只怕解決不了困難，留美期間還成為小留學生口中的大姊姊，不只照顧弟弟，還會幫其他小朋友出點子。留學的日子，父母親都不在身邊，心慧不得不提早長大，凡事要自己決定，後果得自己承擔，不知不覺也鍛鍊出她的決斷力和自信心。

紐約求學的日子很辛苦，從開始學習英文到投入美國生活，這段過程心慧沒向家裡喊過一聲苦，她不是沒有遇到挫折，只因為她怕遠在臺灣的父母擔心，選擇自己一個人承受。多年來心慧真摯的親情，對父母的孝心、對弟弟及妹妹的關懷，她把這個家串接起來，成為牽繫在一起又充滿愛的地方，對於心慧，我要給她一個深深擁抱，這代表了千言萬語，也是無盡的感謝與欣慰。

本來我期望心慧到指標性外商廣告公司學習並歷練後，再回來幫我經營我的公司，但後來心慧在電通行銷傳播集團（dentsu）找到了自己在行銷這行的願景和目標，發揮自己的才能與影響力，走出自己的路。我對臺灣這塊土地有很多的感情，這麼多年的社會歷練及觀察，對政治時局及經濟發展，有很多想法及建議，有很多話想跟年輕人講，但又擔心與年輕人不同世代，怕說出來太八股沒人聽，我心想很孝順且懂老爸心意的心慧，一定知道如何表達，於是鼓勵心慧再次出書，真心分享。

在現今資訊發達的世代，社會上許多是非對錯，經常因網路言論紛擾而失去公允，走過臺灣經濟起飛到現在的這段大時代，我把一些經驗及心得，透過心慧的人生故事與讀者分享，也盼能定紛止亂，讓人心與社會發展，導向正確與正向的軌道。就如同《人生有所謂，決斷無所畏》，不要因為怕做決定，就輕易把決定權交到別人手上，每個人都要有決斷力。心慧可以，相信大家也可以。

推薦序 4

透過本書找到你的決斷力，不再迷航

尚赫集團執行長　陳旻君（Nancy Chen）

我是在八年前的一個晚宴上認識了唐心慧。那時我剛剛從天津搬回臺灣，對臺灣的名人並不了解，但我第一眼看到她時，就對她特別地好奇，可能是她走路時的自信，可能是她的氣質，我只記得在晚宴上大家都認真地在聽她講話。晚宴其實常又亂又吵，可是你就是能看到一些人圍著唐心慧，認真地在聽她的經驗分享。她的為人處事令人佩服，個性熱情又爽快，對每個人都很誠懇和直接。也就是說，她如果不認可這個人，她也演不出來喜歡。在現在的社會裡要找到這樣的真誠，難了。

當你認識唐心慧後，你就能清楚地知道，為什麼她那麼的成功。我看了她的第一本書後非常的驚訝，因為在她的經歷裡沒有「不可能」。她在我眼裡就是無所不能！她從家庭、事業、朋友到自己，對自我要求都是要做到最好。我覺得不可思議的是，怎麼可能都做得那麼的好呢？而她確實都做到了，所以她是一位「不簡單的女人」。她不只是一位不簡單的女人，也是個偉大的女人！所以當我得知她要寫第二本書《人生有所謂，決斷無所畏》時，我特別期待，因為我想了解她思考的邏輯和方向，而她真的也做到「以身作則」，認真地在帶團隊和經營她的人生。

在書裡，她談到她是如何一步一步的走到今天這個位子。沒有人是輕易就能成功的，是她的決策和觀念讓她成功。更難能可貴的是，她的決斷力是建立在良善意志上，而我認識的 Jennifer 正是非常善良的人，這一切恰好印證了「善念，也是走向成功的關鍵」。因此，如果你是徘徊在十字路口的年輕人，我相信這本書能引導你清楚地做出對的決策，並能學習如何堅持執行自己的決定。

我自己作為企業家，在大陸經營了二十八年，我看懂唐心慧最可貴的優點是她的為人處事。她懂得用心和用行動來帶領這個千人團隊，而贏得人心是她的天分，因為她對每個人都是最真誠的。所以她為什麼成功？因為她毫不保留的願意對每個人分享她的經驗和人生哲學。這本書就能見證「她為什麼成功」！我推薦這本書是因為我覺得她分享的不只是經驗和觀念，還包括她的思維及每個決策背後的原因和故事。

最後，我想說的是，行萬里路也別忘了讀萬卷書，若想成功，就必須向成功者借鏡，這本書就是最好的選擇。

推薦序 5

如果要登陸月球，也難不倒她吧！

主持人、作家、歌手　陶晶瑩

第一次見到Jennifer，是在一場有關女力的座談會。當時見著她精緻的妝容、時尚的穿搭、相當自律的身材，就很直覺地想「她是個狠人」，一定是個工作起來六親不認的女魔頭，穿著Prada的惡魔，一定是個超級工作狂，沒什麼私人生活的女強人。

後來才發現，她確實是個狠人；但卻是4.0版本的——不但進得產房，入得廳堂，能參加家長會，也能參加股東會；十四歲就帶著弟弟到美國自立生活八年，二十六歲結婚，四十八歲領導十家公司和一千多位夥伴。

她喜歡挑戰極限，憑藉的是團隊的專業和決斷力；談到婚姻和情感，她用的方法仍然是「經營」和「決策智慧」。

她面對工作和家庭的選擇是「人生，我選擇以上皆是」；努力追求，不輕言放棄或犧牲。

看著她的文字，腦中浮現她的臉，那種冷靜，總是在思考著什麼的表情，如果要登陸月球，應該也難不倒她吧！

推薦序 6

學會決斷，布局你的人生

主持人　聶雲

我一向覺得所有事、物的最佳狀態，就是能找到一個平衡。「輕、重、裡、外、緩、急」是我在日常生活中，經常用來思考及做決定的六字箴言。

我跟 Jennifer 是因為孩子的關係而認識，一開始，只是看到一位非常用心的媽媽，遇到跟孩子有關的事情時，不論是處理方式或精準度，都準確得不可思議。之後因為我身處演藝圈的關係，而她則是在廣告媒體集團任職，在工作上理所當然會有一些接觸機會。這時候才發現，原來這位超強的媽媽，同時也是跨國集團的優秀領導人。

但是，我們的緣分不僅止於此，也衍生到她的先生，同時也是我的多年老友。在這樣的關係下，讓我有機會能看見她除了工作外的其他面貌，包括先生身邊的能幹女人、孩子的良師益友等。

雖然身兼多種身分，但她依然能扮演得很好，在每一個崗位上都能取得平衡，並達到她理想中的完美。這個「平衡」得來不易，你必須在每一個大大小小的關鍵點上做出正確判斷和抉擇，才能得到這樣的結果。事實上，我們每個人分分秒秒都會面對無數選擇，而今日的你，正是經歷每一次選擇後所積累的結果。

Jennifer 在書中毫不藏私，大方分享她的決斷力心法，也是我看過的書中，最深刻剖析「如何在關鍵時刻做抉擇」的書。同時也能讓讀者看見，這位我眼中的神力女超人是如何透過情感、感性及智慧的力量，展現出如此強大的決斷能力。

這本書最珍貴之處，是能看到一位眾人眼中的成功者，用最謙卑、真實的態度和讀者分享她的人生觀點。如果想認識一般人口中的唐心慧，其實只要Google就能看到無數報導，但如果你想知道的是How and why？即真正的唐心慧，這本書將提供最完美的解答。

“我相信，無論做出何種抉擇，
只要忠於自己，都該感到充實自在。”

序章

決斷

啟動自我探索的旅程

「計畫趕不上變化。」這句話在撰寫本書的新冠肺炎疫情肆虐期間，感受特別深刻。不確定的時刻，該如何決斷、何時決斷，才能避免原地打轉？我們一生做的所有決定，累積到最後就是人生，想活得精采沒有遺憾，就要從做對決斷開始。

關鍵決策不能單憑直覺衝動行事，或猶豫不決錯失良機。想做對決策，必須訓練自己有系統的思考與行動，清楚自己真正想追求的是什麼，勇敢做出改變與判斷。採取行動後，不論成敗都能承擔，繼續正向前進。更重要的是，走過不同歷程，能有所學習，在過程中淬鍊更好的自己，走出更好的未來。

決斷，需要一整套觀念和能力，從中訓練和優化，包括：理解自己、判斷、決策、承擔與持續學習。在本書中，我根據多年所思所想與領悟，重新定義「決斷力」的內涵，梳理了一個方程式，幫助大家更容易理解並自我練習。

「內心的渴望＋決策的智慧和勇氣＋承擔後果的實力＋從失敗中學習的能力＋繼續好好活著的意志力＝決斷力」

想擁有決斷力，第一步先要有「想要、想主導」的欲望。只想順從別人、或不想思考的人，其實並不需要決斷力。

決斷力是帶有強烈想望、意志力、行動力與勇氣的展現。首要條件，一定要清楚自己的內心渴望，因為這股力量不僅能帶來前進的動能，也是決斷行動的指南針。有了強烈的意圖後，必須累積知識、發掘智慧、建立勇氣，才能在困難的選項中，做出能創造美好人生的抉擇。

在訓練的過程中，決斷力會慢慢內化，讓我們能自然地運用在工作、家庭、婚姻、人際關係裡。做決定只是一瞬間的事，之前的判斷和之後的承擔才是關鍵。想要成為自己生命的主人，一定要先誠實面對和了解自己，才能做出屬於自己的正確決斷。

有了方向，懂得分析自身條件並權衡利害關係，勇敢做出符合自己想望的決定，而不感到遺憾後悔，無論結果是好或壞，往後的日子都還能正向持續前進，這個過程就是我這本書中想探討與分享的「決斷的力量」，也就是「決斷力」。

每一次決策過程，都能啟發個人的內心自覺，經歷一場錘鍊心志的旅程。當我們經常鍛鍊靈魂，心靈也就愈強大。

回顧自己的人生，當年，一個十四歲的小女孩，為了讓弟弟有更好的求學環境，姊弟倆相依為命前往美國，異地自立生活了八年，食衣住行、學校課業、各種疑難雜症樣樣靠自己，練就我天不怕地不怕的人生態度。

學業完成回到臺灣，因為喜歡行銷創意，展開在行銷傳播業超過二十五年的職涯旅程，從最基層的廣告業務執行（ＡＥ）做起。二十八歲結婚，五年後生子，在三十七歲時，成為國際廣告公司董事總經理。如今，我四十八歲，在全臺灣最具規模的電通集團擔任執行長，領導十家公司與一千多位夥伴，並積極推動產業提升和數位轉型。

一路以來，在他人眼裡，我的人生看似順遂，其實，我不過是個知道自己是誰、想要什麼、要求自己不斷學習和突破，也懂得享受追夢過程的人。

人生不會一帆風順，每個決斷都有可能不如預期，重要的是態度：不要畏懼失敗，失敗並不可怕，可怕的是沒有嘗試而失去大好機會。決斷絕非純然滿腔熱血和傻勁去冒險，如果最壞的結果你能預測與承擔，只要心之所向，就該義無反顧去嘗試及挑戰。

在這個決斷方程式中，最後一點也最容易被忽略的是，我們有沒有能力從失敗中學習，並正面積極地繼續前進。許多人因為做了重大決定而付出代價，當失敗發生就一蹶不振或自我了斷，這絕不是決斷力的展現。

美國當代神話學大師喬瑟夫．坎伯（Joseph Campbell）曾說：「在哪裡跌倒，哪裡就有寶藏。」（Where you stumble and fall, there you will find gold.）當下的失敗經驗，讓我們有機會停下來重新省思，面對失落反而有助釐清問題本質，那些因強烈衝擊所形成的苦痛，會扎根在生命中，幫助我們變得更睿智、更有韌性，坦然自信地往目標前進。

或許有人會說，決斷力是一種與生俱來的特質，通常男人較果斷；也常聽人說女性天生細膩、瞻前顧後，容易優柔寡斷。這些看法沒有對錯，但我認為，決斷力的養成大多是後天鍛鍊而來，性別不是限制，人的內心深處其實清楚自己要什麼，需要的只是突破的勇氣和行動。

決斷力需要清楚的行為認知與經驗的內化。我們身處的環境是第一個養成因素，信念的引導與籌碼的累積，會造就不同的決斷力量：

1. 環境

俗話說：「環境造就人。」環境會啟發並訓練一個人的決斷力，迫使人做出困難的決定，甚至影響人的想法、態度與能力。

以我為例，十四歲和弟弟獨自在美國生活，被迫在陌生環境裡一夜長大。當時身邊沒有可依靠和卸責的對象，所有決定和苦樂都靠自己承擔，因此很早就懂得面對現實，對各種突發狀況先保持冷靜、不哭不鬧，研判情勢後，勇敢做出我認為對的決定。

有著不被環境打敗、凡事自己承擔的成長歷練，「自己的國家自己救」後來就變成我的口頭禪，也是提醒我面對、接受、抉擇、克服困境與負責任的處世態度。

2. 信念

一個人的行為，反映他的所思所想，而「價值觀」就是一種信念。在做決定時，最好化繁為簡、不忘初心、坦誠以對，再以具體行動驗證實踐。只有我們最清楚自己是什麼樣的人、相信什麼，信念貴在自知，而非自欺欺人。

有了清晰的信念，就無須害怕別人的看法。因為這是我們的人生。「別人」，即使是父母，對我們人生的選擇也只有建議權，沒有決定權。每個人都是自己人生的主人，人生就該由自己負責。

當公司同事們有所爭執，各持己見時，我常這樣提醒：「如果誰也說服不了誰，那這個計畫由誰負責成敗，就讓他做最後決定。」這也是基於一樣的觀點。

想了解人的信念有多強大，可試著把選擇情境推演到極致。以一個總讓男人陷入兩難的問題為例：「當母親和妻子同時掉入海裡，你要先救誰？」這個看似誇張的情境，反映的不只是孝親與愛情的抉擇，而是一個人對於原生家庭或自組家庭，何者優先的價值觀。

當人們做出困難的抉擇時，往往反映出他最在意和想望的是什麼。如果一個人對事情完全沒有頭緒，像無頭蒼蠅般找不到方向，那麼他的課題就不是做抉擇，在此刻，他根本不該做任何重大決定，而是啟動自我探索的旅程。

3. 籌碼

掌握多少「籌碼」，更精確地說是「資源及本事」，會影響決斷時的勇氣與擔當。有較多籌碼的人，做決策相對容易，因為他有輸得起的本錢。反之，當一個人沒有太多「資源」，做重大決策就相對艱難掙扎。例如想離職，找不到更好的新工作，或怕沒固定收入無法維持生計，就得理性想想有多少衝動離職的籌碼。

籌碼可以是能力、資歷、學歷、人脈甚或是銀行裡的存款。如果有把握離開後也能憑藉過往的經驗和好口碑，馬上找到工作，又或長期不工作都不愁吃穿，放膽辭掉不開心的工作也沒什麼好怕。相對地，若沒有足夠條件，最好謀定而後動，先充實自我蓄積能量，等待行動的更佳時機。

從個人生涯到人際關係經營，面臨重要決策時，請記得先放下焦躁，冷靜思考，啟動「決斷力導航系統」——**快速尋找可靠資訊、知識；並回到初衷、誠實面對自己的想望；同時化繁為簡，設想最壞狀況及可承擔的後果，然後再放膽做出決定，一旦下定決心，盡力了就不要後悔，不論成敗，都要讓自己設法精采地活下去。**

八年前，我出版了第一本書《人生，我選擇以上皆是》，用自身經歷，探討女性如何創造選擇權，運用智慧與勇氣讓自己快速成長，活出自信並擁有想要的人生。我自小從父親身上見識到「超強決斷力」，一生受用無窮，如今成為我第二本書的主題。希望透過本書的五個章節，分享決斷力在人生各個重要面向的態度與做法。

【第一章】走過成長：心的鍛鍊，讓力量由內而生

面對人生種種決定，我們都會掙扎、會害怕失敗、會恐懼眼前遇見的困難，沒有人天生善於決斷，後天養成才是關鍵。父親的身教和從小在國外獨立生活的成長經驗，養成我正面迎接挑戰的態度，磨練出人生的決斷力和生存力。

【第二章】選擇工作：順從內心，打造獨特價值

有熱情和才能，工作容易做得好又做得久，而名利只是隨之而來的結果。當一個人漫無目標，或只是為五斗米而折腰，日子就會變得枯燥、漫長甚至痛苦。

【第三章】成功領導：開創新局，不是被迫回應問題

願意為理想跳脫框架，為變革承擔風險，領導者要能了局、解局、布局，才能善用人才與資源，有效溝通與決斷，成就團隊與組織。

【第四章】情繫伴侶：看見愛情，也懂得製造幸福

敢愛也能放下，才能活出自己；戀愛悸動、分合試煉，為的是找到能夠一起前往幸福的伴侶；幸福感與安全感是營造美滿婚姻的兩根支柱。

【第五章】守護家人：適時放手，是最好的祝福

親情是愛的極致，它使我們無所不能，卻也往往讓人執迷不悟。超越界線的付出，只會破壞情感、製造痛苦，理解關係裡的輕與重，學會放手，我們才能好好愛。

我相信，無論做出何種抉擇，只要忠於自己，都該感到充實自在。因為命運就像搭乘飛速疾駛的雲霄飛車，此刻攀高，下一刻可能迎來挑戰；此時低落，可能正好儲備了再躍起的能量。

養成強大的決斷力，有助於發掘並創造你的真心想望，也唯有找到心之所向，才能得到真正的幸福。你將打從心底感到喜悅，無須仰賴外在給予的肯定，或追求任何

稍縱即逝的歡愉與表面虛榮；也不會認為自己的成功，須依附於世俗眼光所歸類的「人生勝利組」標籤。

擁有發自心靈的「內在喜悅」（Inner Joy），才是人生的真正成就。

那也是在面對險阻困境時，能夠真實仰賴的力量，勇於「為自己做決定」，經過思考的決定，就是最好的決定，讓我們一起從現在開始製造幸福！

“沒試過，就無法得知能否做得到。
人總是輸給自己的膽小，而不是輸給挑戰。”

Chapter 1

走過成長

心的鍛鍊，讓力量由內而生

面對人生種種決定，我們都會掙扎、會害怕失敗、會恐懼眼前遇見的困難，沒有人天生善於決斷，後天養成才是關鍵。父親的身教和從小在國外獨立生活的成長經驗，養成我正面迎接挑戰的態度，磨練出人生的決斷力和生存力。

俗話說：「有其父必有其子。」在我家則是「有其父必有其女」。當有人問我如何養成決斷力？我總會說是父親的影響。因為父親就是個不糾結、頂天立地，果決有擔當的人。

我的爺爺，生在一個身不由己的大時代，跟著軍隊從山東來臺，解甲歸田，一度因為賭博受騙欠下債務，導致債主上門追討。當時十八歲的父親不畏強御，替爺爺出面談判：「就算把我們全家都殺光也拿不出錢，給條生路寬限三年，一定負責到底。」

債主對這個年輕小伙子的膽識印象深刻，幾番周折，決定給他一個機會。於是父親努力兼差工作，毫無怨言承擔一切，最終履行承諾，小小年紀就為爺爺還清了債務。

01

直面挑戰，敢於承擔

父親直面人生挑戰，從不閃躲，我從他身上見識與學習最深之處，正是「決斷的力量」。

雖未能親見父親那段戲劇性的青春，但小學時家中遭逢變故，卻讓我見識父親說到做到、頂天立地的氣魄。當時，天性善良的母親替好友作保，結果上演了街坊常見的俗濫戲碼，債務人甩鍋跑路，母親被迫承擔鉅額債務。

一夕間，父親不得不變賣房產替母親還債。原本住在山上別墅、生活無憂無慮的一家人，被迫搬到市區的出租公寓。在那似懂非懂的年紀，我頓時感到美好世界崩解，不安和恐懼感強烈籠罩。儘管如此，父親在家從未暴怒慌亂，對母親也無苛責或口出怨言，反而堅定地告訴我們：「不用擔心害怕，我們一家人都會沒事，爸爸一定盡全力保護你們。」

我不清楚父親是如何辦到的，也不了解過程中他吃了多少苦頭，只知道父親日以繼夜辛勤工作，一家人生活雖不若以往寬裕，但仍舊衣食無缺。幾年後他事業東山再起，父親兌現了承諾，讓三個孩子在充滿安全感的環境裡成長。這段經歷也讓我們上了關於家庭重要的一課：家，不在於坪數大小，是愛、信任與安全感，讓家真正美好與偉大。

父親面對巨大變化，臨危不亂、說到做到。對於日常的小事，也展現勇於決斷、敢於承擔的生活態度。

記得小時候有一回，愛吃美食的母親突然想念一家餐廳的雞湯，一向疼愛老婆的父親，二話不說就吆喝一家人出門。這家餐廳位在永和狹小的巷弄中，停車極為不便，為了趕在餐廳打烊前讓母親喝到想念的美味，父親臨停在路邊禁止停車的地方。

用餐過程中，母親擔心車子被拖吊不斷碎唸，父親見她吃得不安穩也不開心，就安慰她：「我們既然來了，就好好享受這頓佳餚吧。」他分析，既然已違規停車，結果只有兩種：一是車子被拖吊罰款，但我們慶幸可以完成母親心願，享用了美味晚餐；二是車子幸運沒被拖吊，那我們更是賺到。所以，有什麼好擔心的呢？如果不好好吃飯，浪費了美食和幸福的家庭聚餐，結果車子又被拖吊，豈不是雙輸？不如放心好好享受佳餚。

父親的智慧與體貼，讓母親放下心來，全家愉快地聊天、喝母親最愛的雞湯，我們走出餐廳後發現，車依然穩穩停在那兒，那一刻，幸運感化成微笑，洋溢在全家人的臉上。

心態一改變，心情和結果也能被逆轉。

擔心害怕無濟於事，正面迎戰的態度才能做對決定，創造贏面。

父親直面人生挑戰，從不閃躲，懂得取捨又有擔當，他的處事智慧，深深影響了我。我從父親身上見證與學習最深之處，正是「決斷的力量」。也因此，**我相信決斷力的養成，往往從一個人的成長背景與環境開始。**

02

意志驅動，堅持到底

決斷是在選擇之際，帶有強烈意志的行動原則，界定出「要達成的目的」、「致勝策略」，然後「堅持到底」。

從小，我就是個努力唸書、成績不錯的孩子。那年，我十一歲，要升小學六年級的暑假，我許了人生第一個願望。

記得當時母親帶我們姊弟倆到歐洲旅遊，旅程的某一天，在遊覽車上坐到恍惚，突然全車爆出一片掌聲，導遊說，同行的一位中學生，得知放榜考上建中！在聯考升學的年代，這的確是相當榮耀的一件事，但我還只是小學生，似懂非懂。母親耐心解釋聯考制度，告訴我只有最頂尖的學生，才能考進這間第一志願的高中。

好強的我問母親：「我以後也可以讀建中嗎？」她笑說：「建中是男生讀的，最好的高中女校是北一女。」父母從不曾要求我出類拔萃，母親也沒有要我向那位哥哥看齊之意，但這事彷彿對我下了魔咒，我默默在心中立了志願：一定要考進北一女！我也想要那麼優秀。

回到臺北，我旋即央求母親帶我去看學校，至今還記得站在北一女校門口前，個子小小的我，仰望學校大大的招牌，心中默唸著學校的全名「臺北市立第一女子高級中學」。我告訴自己，從現在起要拚命唸書，因為我要當這間學校的學生！

之後，我不但報名國一先修班，放棄暑假玩樂開始超前布局，房間貼上張雨生《我的未來不是夢》專輯海報自我勉勵，補習班之外，還另請家教，連電視、電影都不看，就為了達成自己設下的目標。

國二有次數學段考九十五分，自我檢討是粗心失誤，錯了不該錯的題目，失了不該掉的分。為了記取這個失敗教訓，我關上房間的燈，處罰自己在房裡跪四十分鐘，過了半小時，母親正巧經過後陽台，從窗戶瞥見我在房裡跪著不動，嚇得一聲驚叫，全家人驚慌跑到我房裡關切。

真相大白後，玩著任天堂的弟弟打趣說，如果自己考九十五分應該會開心到放鞭炮慶祝啊！一向日子過得輕鬆知足的母親，則覺得女孩子不必這麼好強，安穩就好，看我這樣自我惕勵，提醒我別那麼拚命。而我只是堅定地告訴她：「我一定要考上北一女！」當時，為了達到目標，我有著可以犧牲一切的決心。

我考上北一女了嗎？人生就是這麼奇妙，國三那年，我跟弟弟決定去美國讀書。雖然與北一女無緣，但對我來說，那是生平第一次深刻體認什麼是「自己的未來自己決定」，以及如何付出實際行動完成夢想。

相較於我的認真，小我一屆的弟弟完全處在天平另一端，年幼的他對唸書興趣缺缺還沒開竅。國一時，莫名被分配到放牛班，老師無心教學，弟弟也不知如何學習，甚至還可愛的在書包裡放了塊木板假裝課本，撐出書包形狀，耍帥的上學。

弟弟在國二上學期遭到一群學長霸凌圍毆，被摔到教室窗戶，碎裂的玻璃插進胸前，滿身鮮血送到醫院急診。憂心的父親不滿學校放任問題學生的教學方式，想幫弟弟轉到紀律嚴明、升學率好的私立中學，卻在申請時被學校羞辱。那所明星中學的教務主任，當著我們一家人的面，數落弟弟的成績，請他連轉學考都不必參加。

父母親因此對當時臺灣的教育環境與體制非常灰心，定居美國的叔叔聽聞此事，力勸父親讓孩子出國唸書，父親雖然有些心動，但覺得弟弟還這麼小，實在不放心。

直至此時，整齣出國求學劇都還沒有我的戲分，然而，命裡有時終須有，弟弟突如其來的舉動，讓我自告奮勇擔綱最佳女主角。那一晚，弟弟走進房間說：「姊，我想出國，妳可以幫我說服爸爸嗎？我想要一個可以全新開始的機會。」

當年我正值青春期，偶爾還會跟弟弟爭吵打鬧，儘管心疼他在學校的遭遇，但從未想過他會來請我幫忙。驚訝之餘，卻沒有猶豫太久，他所經歷的一切，我都看在眼裡，我心想，這也許是改變弟弟人生的機會，身為姊姊的我理應為他爭取。既然弟弟想要出國唸書，最有可能讓爸爸答應的方法，就是我陪弟弟一起去。

我向父親提出我的想法，然而他並不同意。本來讓一個孩子赴美求學就很捨不得，現在竟然兩個年幼的孩子都要離家？特別是當時爸媽無法陪同，他們不只擔心我們在國外的安危，更擔心沒有大人在身邊，我們會不會因此學壞。

為了弟弟，我不輕言放棄。我知道父親理智上其實認同出國留學是一個改善學習環境的機會，但情感上還是憂慮，一想到我跟弟弟未成年，他不敢輕率做出如此大膽的決定。

理解父親的掙扎，也思考達到目的的方法，我使出殺手鐧——冷戰，讓父親知道我的決心。父親向來疼愛我，完全無法忍受寶貝女兒跟他冷戰，母親見狀也頻來說情，但我吃了秤砣鐵了心，決意爭取父親首肯，非帶弟弟出國不可。

父親終究無法拒絕女兒的請求。某天夜裡，他走進房間摟著我說：「爸爸答應妳，讓妳帶弟弟去美國，但妳也要答應我，不能學壞，好好照顧自己和弟弟，完成學業後一定要回來臺灣，別讓爸爸擔心。」

就這樣，年僅十四歲的我帶著十二歲的弟弟出國了。

不少人聽到這段故事，都訝異當時我怎麼有如此大的決心，小小年紀竟然能說服父母做出這麼大膽的決定。現在回想起來，我之所以敢和父親冷戰，並不是任性意氣用事，而是為了達成目的的手段，因為深知父親疼愛我也信任我，這個做法有一定的勝算。我判斷，父親當時對臺灣升學至上的教育體系太失望，對於美國的教育方式抱有一定的肯定與期待，再者，他也認為國際視野、多元教育環境有助於孩子的發展。

當然，我也評估過家裡的經濟條件，應該負擔得起我們留學的開銷。

「解決父親的擔憂」就是整件事的關鍵突破點，因此我主動跟他約法三章，承諾一定會照顧好自己和弟弟，努力唸書並且平安歸來。

這是我在決斷力養成的起點：做決定後往往期望的是達到成功，而這需要審度情勢、釐清關鍵致勝點、研判資源與用對策略。如果只有「想要就非要不可」的任性，一味吵著要別人讓步，沒有用對方法，那麼事情不會朝你想要的方向發展，也不會達到想要的結果。當我們把關係人的需求屏除在外，沒有將心比心洞察對方的掙扎，只會讓他們心生抗拒、反對到底。

決斷不能憑直覺，也不只是靠膽識，更不僅是做決定。決定是你在多種選項之中，選出一個項目。

決斷則是在選擇之際，還帶著強烈意志的行動原則，界定出「要達成的目的」、「致勝策略」，最後就是「堅持到底」。

03
遇到困難，不會就學

別陷在受害者的思維怨天尤人，抱持「不懂就學到會」的態度，往往能激發潛能，超越自我。

沒有人能預測未來，人生道路總會在想像不到的地方轉彎，但是當我們練就決斷力，它能在生命的十字路口為我們指引方向。

出國留學是一個決定，盡力讓自己成為學業和生活都不讓人操心、負責又能身兼多職的小大人，是我的決斷。

父母原先拜託美國叔叔一家同住，照顧我們兩姊弟，但一年後，他們因故必須離開，我和弟弟開始過著身邊沒大人的獨立生活。謹守著對父親的承諾，我學習打掃、煮飯、洗衣，用破英文拜託工人來裝電線、修理家中出狀況的東西。

當時，住處附近沒有校車停靠站，我們每天都得步行一英里才能抵達學校，每到寒風刺骨、零下十度的冬天，姊弟倆也只能舉步維艱打著哆嗦慢慢前行，就算在雪地裡摔得四腳朝天，也只能忍著痛，爬起來繼續走到學校。

日常生活的各式困難，我只能邊做邊學，為了能夠早日脫離冬天上學步行之苦，我十五歲就考取學習駕照（在美國，滿十六歲才能取得正式駕照），並央求叔叔當買車的保證人，讓我能開車載弟弟上學。

回溯這一段歷程，一個小女孩帶著弟弟留學，的確是很大的挑戰。不僅人生地不熟，沒有人照料生活起居，還得適應蠟燭兩頭燒的忙碌。下課後，我總是急著離開學校，去超市買菜、回家煮飯，接著等弟弟回來吃飯，還要洗碗、整理家務，通常要到晚上九點後才能開始做功課。但往往才十點多，正值發育期的弟弟又餓了，我得再為他準備宵夜。

有時功課寫不完或課業壓力大時，會假裝沒聽到弟弟喊餓，不幫他煮宵夜。弟弟就會撒嬌打長途電話向父母訴苦，惹得母親心疼，勸我別這樣。我偶爾也會委屈回嘴：「我功課寫不完，應該叫弟弟自己學煮飯！」當時年紀小不夠成熟，然而就算和父母抱怨，我還是心疼弟弟，繼續咬牙擔負起照顧他的責任，直到後來弟弟漸漸長大，開始懂事分擔鏟雪、倒垃圾等勞動家事。

遇到困難，面對現實思考解決方法，而不停在原地擔心受怕，就不容易陷在受害者的思維中怨天尤人。不妨試著先做再說、邊做邊學，往往能激發潛能，超越自我。

除了生活，學校課業是另一個挑戰，剛到美國時，我的英文大概只有「This is a pencil.」的程度，學習過程經常一知半解，但我始終抱持「不恥下問，不懂就學到會」的態度，不時拿著課本追問老師，堅持問到自己完全理解為止。

花了約兩年的時間讓自己學會英文，也開始在學校得到學習成績的肯定，高二那年，我獲得資優生表揚，當時學校為所有獲此殊榮的學生，舉辦盛大的頒獎典禮。美國家庭對這種活動十分重視，受獎學生的家人都盛裝出席以表達對孩子的肯定。唯獨我，沒有半個親人參與，在熱鬧的掌聲、拉炮聲，此起彼落的鎂光燈及獻花中，孤零零地上台領獎，又默默地下台。

年僅十六歲的我確實難掩落寞，但我提醒自己，出國留學是自己的決定，家人的愛與支持一直都在，如果可以，他們絕對願意穿越半個地球來到我身邊，驕傲地看著我上台，鼓勵我繼續成為更優秀的人。

還記得剛搬到美國不久，就遇到自己的生日，我原以爲往後的生日都會孤單度過，沒想到一早起床就接到越洋電話，電話那頭，父母唱著生日快樂歌傳達他們的祝福。思念家人又不敢讓他們擔心，我努力忍住眼淚講完電話，然後躲在浴室裡大哭了一場。分離不分心，離鄉背井的歲月，不僅讓我和弟弟建立深厚的感情，更讓我們體認到，家人強大的愛不會被距離與環境限制，家是我們最強的後盾和力量。

這段在美國獨立成長的經歷，是生命裡一項重要的試煉，我學會重視事件的本質與意義，而不在意表象的鼓掌與稱讚。**我做的每一件事，只關注那是不是自己真心想做與該做的，而不是在意別人的眼光或評論。**

一個亞裔小女孩、英文不好、人生地不熟，我專注的不是被歧視、霸凌或生活不適應之類的負面假設問題，而是先期待我的新體驗和學習的機會。環境的考驗，讓我在年輕時就逐漸認清自己是個什麼樣的人，也練就凡事正面勇往直前的性格。

04

敢輸，才有機會贏

「完美之選」並不存在，只要有七成的把握，
不妨就大膽出手，人總是輸給自己的膽小，而不是輸給挑戰。

果敢如我，難道沒後悔過自己的決定？大部分時候是的，但有件事回想起來，我有些遺憾自己當時思緒不夠周延、也不夠勇敢。

從小，我習慣獨立決定大小事，申請大學也是自己作主。我就讀的高中是紐約名校，在校成績GPA（即成績平均積點，是學校評估學生成績的制度）及社團活動表現都名列前茅，但是在申請常春藤大學必要的學術成就測驗（Achievement Test）卻遭遇卡關。學校的升學顧問建議我，多拿三科必要的考試，拚拚看申請哈佛、耶魯等

常春藤聯盟大學。我完成了其中兩科，也拿到好的成績，但對於當時沒有自信的英文，我堅持不考。

我國三出國，到高二時，已經在美國生活了三年左右，英文有一定程度，且學術性向測驗（SAT）的英文分數也很不錯，但內心知道，我只花了不到一年準備SAT，不錯的英文成績其實頗有運氣的成分，距離「優異」英文的標準，還差太遠。

當時心想，如果英文考不好，原本近乎完美的成績單上會留下不完美的紀錄，而且，當時的成績已能申請到不錯的頂尖大學。於是，我膽怯退縮了，用一種保守的心態放棄英文Achievement Test，同時放棄了申請常春藤大學的機會。雖然我申請的大學都給了入學許可，有些學校甚至提供免學費的獎學金，但終究因為一個不成熟的念頭，放棄更大的挑戰與機會，也限制了自己的發展。

最後我選擇進入美國知名的紐約大學史騰商學院（New York University Stern

School of Business, NYU Stern）主修行銷管理，也順利申請到獎學金。就讀大學期間，學到很多也認識很多好友，因為拚命學習，只花三年就提早畢業。這個決定看來並沒有錯，只是現在回想起來，如果當時能申請到常春藤學校，我遇見的人事物、學習和歷練，會不會為人生帶來不一樣的風景？

感到遺憾的，不是學歷紀錄，而是因為害怕失敗，沒有給自己多一個選項。

自以為的完美，可能並不完美，
其實只要有七成的把握，不妨就勇敢出手！

因此，我常鼓勵年輕朋友，人生要大膽嘗試，才能創造更大的機會與成就。**沒試過，就無法得知能否做得到。人總是輸給自己的膽小，而不是輸給挑戰。**即便嘗試的結果不一定如預期，但我們已經在過程中，贏得了成長和更強韌的生命力。

因為這個領悟，我在四十三歲時大膽決定離開舒適圈、接受新的挑戰，帶領集廣告、媒體、數位於一個平台的國際行銷傳播集團，進行整合與數位轉型，深知挑戰巨大，但我選擇勇於嘗試。

面對未知的考驗，清楚自己為何而來、想完成什麼願景、也虛心學習，一旦信念堅定，路上就算困難重重，也將無所畏懼。

Q A

如何決斷，才能將後悔的機率降到最低？

「三不原則」，設立不後悔的防火牆。

「做決定」通常需要理性與感性並行，然而很多時候，理性與感性是互斥的。

我們不能因為困於為難，就不做決定，或因此把決定權讓給他人。

每一次在兩難中做下的決定，都會成為更了解自己性向與價值觀最有力的參考，同時，也會幫助察覺不同選項為人生帶來的各種可能。這些日積月累的決策經驗，最終會讓我們更了解自己，發掘內心真正想追求的理想。

不論是職場、兩性關係、親子教育或生活中，我們一定會遇到難以抉擇的時刻，選哪個，都怕顧此失彼；事前想得再多再周到，也難保不會掛一漏萬、百密一疏。

面臨「兩難的抉擇」是生活日常。為免來日懊惱，我在抉擇之前，會設定三不原則的防火牆：

1. 不貿然做決定

愈困難複雜的事情，愈不要急著做決定，衝動決斷容易欠缺周延思考。如果沒有做足市場、趨勢、策略分析與風險評估，我不會貿然進行公司併購，也不會聽信小道消息就投資股票或房地產等。

2.不被情緒控制

特別興奮、沮喪或暴怒時，都不要做重大決定。就像夫妻吵架激動時，說出或做出離婚的決定，事後多半會後悔。人在情緒高漲的時刻，很難做出正確與理智的決策。

3.不被眼前利益迷惑

用核心價值觀做決策，才不會陷入「只被眼前利益迷惑，卻失了本心」的錯誤。當你相信做人該誠實正直，就不會被金錢誘惑起貪念而做出違法行為。人生會因為我們所做的決定而產生連動改變，可以變好，當然也可能變糟。

為確保理性判斷，我要求自己謹守這三不原則，才能思考如何做決斷。

人生有太多重要決定，再怎麼優秀的人，都有可能在「機會風險各半」的岔路上做錯選擇，但每一次的錯誤，都能迫使我們快速成長茁壯，只要知道為什麼這樣做、也願意承擔，並能勇敢繼續前進，就很好。

“擁有經濟力、思考力、承擔力，
做任何決定就能不受他人或現實左右。”

Chapter 2

選擇工作

順從內心，打造獨特價值

有熱情和才能，工作容易做得好又做得久，而名利只是隨之而來的結果。當一個人漫無目標，或只是為五斗米折腰，日子就會變得枯燥、漫長甚至痛苦。

工作選擇是改變人生的關鍵決策，一份工作除了培養我們的生存技能與知識，更重要的是它指引了生命中會遇見的人事物、形塑我們的生活型態，也影響我們看待世界的視野和角度。

投入行銷傳播業超過二十五年，是因為相信創造力與行銷的魔法，能為企業及其品牌創造獨一無二的價值，甚至改變世界。至今，我仍打從心底熱愛這份工作，認為這個產業迷人又獨特。我享受和才華洋溢的創意、行銷夥伴與客戶共事，幫助客戶建立指標性的品牌和創造商機。

這份工作成了我的天職和天命。但我是如何決定開始、又如何堅持，才能得到這種領悟？

01 找到心中的北極星

有夢，就捍衛它。人們對自己做不到的事，往往會說你也做不到，如果你想要什麼，盡全力去爭取。

回首求學生涯，我每一科表現都不錯，卻也沒有哪一科特別突出。申請大學時，對自己沒有足夠的認識和興趣偏好，好像什麼學校和科系都可以一試。最後受到父親從商的影響，我選擇了紐約大學商學院，後來發現，多數課程對我來說，就像一件件待辦工作，可以順利完成、交出好成績，卻沒有興奮與成就感。

直到大二修了一堂行銷課，突然豁然開朗，打開了我想探索的奇妙世界。老師教的理論搭配實際案例，啟發學生思考：超市如何根據消費者購物動機和賣場動線，規劃商品陳列，刺激銷售成果？企業如何透過大創意，與大眾溝通品牌價值與主張，創造消費者認同與互動？每堂課的學習都讓人興致盎然，引發我對行銷傳播業的嚮往，也奠定日後選擇職業的性向。

畢業後，我信守對父母的承諾回到臺灣，面對職涯的發展，觀念傳統的父親不希望女兒太辛苦，建議我找一份安定而不會太累的工作。父親的想法我能理解，這是父母對女兒的愛護，女孩可以不用太有成就，只要找個安穩工作、嫁個好老公，生活過得平順幸福就好。然而，那不是我想追求的人生，我不甘於平凡，也不想依附別人過日子。我想要學習，喜歡天天充滿新鮮感和挑戰。我有自己的夢想，想做有意義、對世界有影響力的事。

我內心明白，行銷是我心之嚮往，我想要透過工作學習，體現創造力的偉大。心意已決也說服了家人，第一個要面對的抉擇就是：「到廣告代理商？還是品牌企業的行銷部門？」兩者都在行銷傳播領域，工作本質卻有所不同。品牌企業的行銷人員，對於所屬的單一產業專業知識 know-how 掌握深入，更貼近產品研發、定價策略與銷售通路布局等。

我問自己：「如果在品牌企業工作，我是否有耐心鑽研同一品類產品與產業超過五年、十年？」相較起來，廣告代理商因為要協助不同產業的客戶群建立品牌形象和達成行銷任務，能快速多元學習，又能見識跨領域的創意，更能滿足對創意世界充滿好奇的我。

我喜歡挑戰極限，寧願在大海裡奮力求生，也不想在小池塘輕鬆稱王。我決定要進當時最具挑戰、競爭最激烈的廣告公司學習，因此只投了一份履歷。很幸運，第一份工作給了我極大的養分和訓練，再次確認了我的志向，也鍛鍊出實力。

找到熱情所在，不代表就能平步青雲。**職場生涯的順遂，關鍵在於日復一日的工作中，能否扎扎實實的學習，勇敢迎接挑戰，想方設法達成不可能的任務。**我在職涯中進步最多、成長最快的時期，都發生在服務那些要求卓越不輕易妥協的客戶時，過程著實痛苦，卻也相當值得。

年輕時，我曾服務一家國際速食品牌業者，因為市場挑戰和種種原因，當時客戶不滿意雙方的合作。就在他們耐性失控邊緣，我和團隊臨危受命，要逆轉頹勢，重新贏得客戶的信任。

為了讓客戶在第一時間感受團隊認真負責的態度，展現對其品牌、產品與消費者的了解，我帶著團隊做足功課，吃遍臺灣所有速食餐廳，完成產品、通路、行銷活動、消費者的分析報告與品牌傳播建議，連續吃了一個月的速食，短短時間內胖了三公斤；還有一次在競品通路蒐集資料，偷拍店內廣宣陳設，引起店長不悅，懷疑我們是商業間諜，差點被移送法辦，只好不斷跟店長求情說明，苦苦哀求絕無惡意，好不容易才脫困。

團隊的付出沒有白費，第一個提案就獲得客戶肯定，奠定了信任基礎。當時客戶非常開心：「現在應該沒人比你們這個團隊，更了解臺灣速食產業、我們品牌和消費者，和你們合作我放心。」、「終於找到一個團隊，能明白我想要的是什麼，真正幫助我們。」簡短幾句話是莫大的鼓舞，烙印在團隊的腦海。我體會到，負責認真的態度和下過苦功的專業實力，是一把能打動客戶、扭轉乾坤的鑰匙。

職場上有很多事我們無法決定，有時還是被牽制的一方，但我們仍然能夠選擇自己的工作態度和做法。我要求自己不只做好分內工作，更要 go the extra mile，挑戰極限的過程辛苦，其實是在職場上快速茁壯與成功的捷徑。

有部電影《當幸福來敲門》，故事改編自美國芝加哥知名證券商執行長克里斯・賈納（Chris Gardner）的真實故事。他從一個睡在地鐵的遊民，還帶著未滿兩歲兒子的單親爸爸，成為第一位打入華爾街證券界的黑人億萬富豪。賈納的名言之一就是：「有夢，就去捍衛它。人們面對自己做不到的事，往往會說你也做不到；如果你想要什麼，盡全力去爭取。」（You got a dream, you gotta protect it. If people can't do something themselves, they wanna tell you that you can't do it. If you want something, go get it.）

能把一份工作做得好又有所成就，通常是做自己喜歡做的事，或發揮了專長。成功往往不是表面上看到的幸運或機緣，也不全然因為成功者比較優秀，堅定信念和行動紀律才是關鍵。賈納在許多演講中都不斷強調：對自己正在做的事情要充滿熱情，否則生活的每一天，都是在傷害自己。

我認為，當我們能在自己選擇的工作領域中，
磨練出優異的技能和更多的自信心，
財富與名利都是順其自然的成果。

02 做別人做不到的事

知其不可而為之，可望帶來雙贏。
既然如此，即使是不可能的任務，又何足畏懼？

我和團隊曾服務一家國際運動品牌，當時品牌歡慶二十五週年，要上市一款經典球鞋。他們找來十位NBA知名新星球員，包括LBJ詹姆斯（LeBron James）、小歐尼爾（Jermaine L. O'Neal）、奈許（Steve Nash），還有二〇二〇年初意外離世的球星布萊恩（Kobe Bean Bryant），代言陣容堅強華麗，希望藉此傳達行銷主題「下一個籃球盛世即將來臨！」（The Second Coming.）

我們的任務是延展品牌的全球創意概念，發展出臺灣市場的創意表現，並與媒體巧妙合作，創造最大的廣告效益與媒體報導。這家企業預算大、要求高，一般提案完全無法打動他們。團隊知道，我們需要精采的策略與創意，加上聲勢浩大的視覺效果與媒體布局，才能締造史無前例的全新亮點！

這不是個容易的專案，**許多人遇到難題，就先自己嚇自己，沒有必勝的信心，這正是決斷力派上用場的時候。**我告訴團隊夥伴，要有決心做出最精采的成果，所有人都要追求卓越、使命必達。為此，團隊當時打破傳統廣告與媒體代理商的分工界線，齊心緊密合作。

客戶的目標對象是一群年輕潮流族，最常聚集的重地就是西門町，特別是捷運西門站六號出口的廣場，那裡是交通要道，人潮眾多，也是各大運動品牌兵家必爭之地。團隊想了一個很狂的點子，把原本十個人站在一起的單張海外版海報，拆成八面獨立的巨型廣告看版，刊登在西門站出口。從捷運一出站，就能看到十位著名NBA球星和主打球鞋，昂立在四面八方，塑造「盛世再臨」的王者氣勢。

刊登一個廣告在戶外牆面不難，但要同一時間放八個在鄰近又不同位置的大型廣告熱點，絕對是超高難度的挑戰。戶外廣告版面大都已被年約、長約客戶鎖定，一下子要調動這麼多版面，根本是不可能的任務！但客戶與團隊都堅持一個信念，就是勇於挑戰別人做不到的事！如同當時搭配的廣告主題曲歌詞：「未來在我們手裡，盛世會重新到來，開創全新的時代，我不是在瞎說，你給我聽清楚，光芒萬丈，勝利在望，我們要的都會成真，我們是最威的戰士。」

團隊奔走了兩個多月，分別協調出六面戶外看板及一面LED，十位頂尖球星身著白衣白褲，巨型看板大陣仗一字排開，居高臨下望著捷運站出口，完全呈現了品牌的霸氣，令人驚豔讚嘆！如果我們當時對挑戰感到疑懼，沒有選擇相信Impossible is nothing（沒有不可能），沒有大膽嘗試，如何知道團隊的創意力和執行力，比我們自己預想的還要更強大？這個成果讓人再次見識創意的偉大力量，我體悟到我所選擇的工作能澆灌志趣和熱情，這是我持續前進的動力。

我的座右銘之一是：「心中無懼，人生將沒有極限。」這句話不斷驅使我跨越各種界限。我很早就有這樣的意識：在順風順水的環境裡把事情做好、完成任務，這是本分，也相對容易達標。

但人在困境與挑戰中的學習成就，往往超越順境許多，能為人所不能為之事，才能在職場上創造自己對組織的獨特價值。

從前廣告圈有一種說法，客戶可以分為「愛情型客戶」及「麵包型客戶」。前者特別尊重專業與夥伴關係，相信卓越創意、也能承擔創新風險，因此很容易與廣告公司共創出具影響力的創意作品，帶給廣告團隊較大成就感，激發團隊服務的熱情。而後者，通常是受限國外或集團總部行銷規範的大客戶，能給代理商團隊發揮市場策略與創意的空間及授權相對較少，當時的廣告公司團隊，尤其是年輕夥伴，總是先選擇服務愛情型的客戶。

服務任務艱困的客戶，會有兩種結果：一是和別人一樣無法扭轉態勢、翻轉困境；二是成功排除萬難，征服別人無法克服的挑戰。若是第一種結果，公司通常理解這是多數人都無法解決的難題，對於願意在逆境中撐下去的夥伴會心存感激，過程雖辛苦，但有機會體驗無法突破的瓶頸，而對自身能耐有所認識，並學習在逆境中生存。如果是第二種結果，那就皆大歡喜，不但證明自己卓越的能力與價值，也幫助了公司，那麼老闆的提拔器重，指日可待。

因為有此體認，入行至今，我一直認為，就職涯的長遠發展來看，挑戰不可能的任務，是為自己創造雙贏的局面，也是成長的捷徑。不論結果是體認到自己能力還有所不足，或是實力的提升，都是正面的收穫。知其不可而為之，可望帶來更大的成就和雙贏，既然如此，即使是不可能的任務又何足畏懼？

這也是父親教會我的事：不要總是看到事情不好或悲觀的那一面，換個角度思考，會有不一樣的視角。因此從第一天上班開始，只要是公司指派給我的工作，不論任務多困難，我都願意挑戰，在職場上，抱持正面思考所做的決斷，通常都能帶給我們正向的回報。

羅馬尼亞的可口可樂公司，多年前的一則廣告令我印象深刻；他們設計了一款「Half-full」半滿可樂瓶，盒中的可樂曲線瓶，乍看與一般市售產品無異，細看才發現，瓶內只有上半部裝滿可樂，下半部則是空的。可口可樂的品牌主張是樂觀與正向思考，這個點子巧妙呼應品牌精神，傳達出「悲觀的人只看到『半空』（Half empty），而樂觀的人會感謝自己有『半滿』（Half-full）」。**人生就像這瓶可樂，我們擁有的是多或少，取決於心境。正向思考是一種能力，也是值得我們投入心力培養和鍛鍊的特質。**

03

這是場馬拉松，別錯用短跑的速度傷害自己

職涯或人生，不論有多大的熱情投入夢想、向前奔跑，如果沒有健康，一切枉然。

三十七歲那年，我成為國際廣告公司董事總經理，當時是業界最年輕的廣告公司領導人，外人看來好像小有成就，卻少有人知道，這是歷經多少磨練和努力的結果。

和許多廣告業的新鮮人一樣，我也是從最基層的廣告 AE 做起，倒茶端水遞咖啡、整理文件、買便當等雜事沒少做過，加班更是常態。還記得當時薪水只有兩萬出

頭，父親打趣說：「妳的薪水比我們公司的總機還少。」工作頭幾年，父親訂了晚上八點回家的門禁，希望我不要為了加班影響健康。

廣告界有句玩笑話：「計畫趕不上變化，變化趕不上客戶的一通電話。」我們的工作時間總是身不由己，要符合父親的家規，根本天方夜譚。我慢慢和父親溝通，除了工作，也有社交的需求，門禁才放寬到晚上十點，幾年後，午夜十二點才逐漸被勉強接受。

有一回，為了比稿，我在客戶、創意夥伴及協力廠商之間奔走，一心急著完成任務，忘了打電話回家報備，凌晨兩點一進門，沒想到，從七十歲的奶奶到八歲的妹妹，全家人都擔心地在客廳等我。父親暴怒：「這是什麼工作？需要工作到凌晨？明天馬上辭職，否則斷絕父女關係！」已經忙到身心俱疲的我，一股委屈全湧上心頭，哭著跑回房間。我明白家人的擔憂和顧慮，這樣勞心勞力的工作，做父母的自然捨不得。但是，在我喜歡的工作與家人之間，難道非得做出兩者擇一的決定？

我相信一定能找到兩全其美的方法，抱著壯士斷腕的決心，到父親房間跪在他床前，訴說我是多麼喜歡這個工作，並許諾絕對會記得照顧自己也盡量不晚歸，祈求他的諒解。父親感受到我堅定的心意，也聽到我的承諾，終於軟化態度淡淡地說：「快去睡吧！明天還要上班。」

家人在我的堅持下勉為其難讓我繼續工作，但現實的考驗，並沒有因此而減少。

有天半夜回家，睡眠中幾度跑廁所，卻怎麼也無法如廁，直到清晨終於順利排尿，馬桶裡居然滿滿都是血！恐慌之餘，不敢驚動父母求助，腦中開始出現各種生病想像「我該不會要死了吧？」在朋友協助下趕到醫院急診，原來是因為長期高壓工作、沒有正常飲食、加上經常憋尿，憋出了膀胱炎。在醫院折騰幾個小時後，醫生建議我回家休息，我卻帶著藥包回辦公室繼續上班。

對工作絕對投入的自我要求，讓我付出的代價不止於此。我曾經昏倒過三次。

有一次，在廣告影片拍攝現場突然失去意識，被救護車送去醫院，因為昏迷太久，大家一度擔心我醒來會變成植物人。經過電腦斷層和超音波檢查，都找不到確切原因，後來轉診心理諮商，諮商師問了我兩個問題：「妳最後一次大發雷霆是什麼時候？」「最後一次大哭是什麼時候？」

我沒有一題答得出來，因為長期有意識地訓練自己高ＥＱ，不讓不必要的情緒干擾工作或家庭，理智冷靜的態度，居然成為潛在的病因。當時的我體悟到，在體力過度耗損，以及壓抑情緒沒有適度抒發的情況下，就算心智和意念再堅強，人都會因為過勞而力不從心，甚且可能失去生命，傷害身旁愛你的人，為你擔心受怕。

職涯和人生都是漫長的馬拉松，
別錯用短跑的速度傷害自己。

不論我們以多大的熱情投入理想、向前奔跑，沒有健康則一切枉然；我們不該也不能讓深愛我們、支持我們的家人傷心遺憾。

「健康」與「家人」要放在我們征戰職場的決心之前，這是我在人生中學習到最重要的一課。

04

讓「抉擇」回到本心與理智

釐清心之所向，別讓逃避變成慣性。

我是個理性重於感性的人，但也有為難糾結、不知所措的時候。四年前，我被現在任職的集團邀請加入，陷入是否要轉換跑道，挑戰更大願景的掙扎。一邊是工作超過二十年、感情深厚的公司；一邊是充滿未知和更大舞台的新環境。我考慮許久，決定接受現在這份工作。

消息在業界傳開，我開始面對團隊的不捨與慰留。還記得夥伴們輪流告訴我：我們的愛有多強大，大家很珍惜能一起努力讓臺灣的創意被世界看到，多希望我留下來。

我清楚這個決定會帶來情感上的糾結，但豈知竟如此痛苦，看著大家真情流露的臉龐和淚水，我其實無力招架。一度跟先生說：「不行，我做不到，我沒辦法離開他們，就算消息已經發布也沒關係，頂多讓業界取笑我是個說話不算話的人……。」

先生看到我激動混亂的情緒，只是平靜安撫，要我回想：「當初做這個決定的初衷是什麼？」我冷靜下來捫心自問，決定並非一時衝動，我想要有機會實現更深遠的抱負，希望透過這個集團的平台與資源，驅動行銷傳播資源的整合與創新，提升產業的價值，實現我想像的願景。

先生的提醒，讓陷入不捨的我覺醒：「這是我必須靠自己突破的職涯與情感關卡。」這個關過了，我將有機會擘劃更全面的行銷傳播藍圖，創造產業轉型的動能，這何嘗不是和前公司團隊一起在業界努力呢？

當時我也和年僅十三歲的兒子分享轉換跑道的掙扎，他只問了一句：「那是妳很想做的事對嗎？如果是，為什麼要為難呢？」孩子不懂大人的牽絆，但簡單的一句話，其實正中要害。

於是，我捨下心中的感性，堅持了轉職的決定。跨出這一步，並不是「I have to leave.」而是「I want to move on.」。我記得，告別前公司那天，我和團隊說：「離開你們，是個理性的決定，我希望為了這個困難的決定全力以赴，幫助我們的產業轉型。不論我在哪裡，我承諾我對大家的愛會一直都在。」

遇到人生卡關且無法抉擇的處境，我學會先放下高昂的情緒，理性回到本心與初衷，這幫助我釐清心之所向。我為自己開啟了全新的視野與寶貴的學習旅程，如今我有幸參與也貢獻行銷整合生態鏈的轉型與布局。

該不該換工作，以及換什麼工作，可能是多數人都曾有過的經驗。一個人想離職時，不外乎是不滿現職的待遇、升遷、學習機會、公司文化或主管同事等因素。其中

「待遇」是不少人考慮去留的主因，卻也是我認為換工作時容易跳進的陷阱。

錢人人都愛，但最好不要把錢當成工作唯一或最大的目的，為錢工作、為利轉職，容易失去工作的意義與樂趣，最後因經年累月堆積的辛苦而感到厭倦。

離職是逃離職場困境的一個選項，逃避看似能快速從困難中解脫，是解決問題最簡單的方法，但其實是讓人養成懦弱慣性的毒藥，最終一事無成。無論如何抉擇，逃避絕不能成為習慣。沒有人想做出錯誤決定，關鍵是「如何做對」。

難以決定是否轉職，通常是兩個工作選項都不錯，或者兩個都不夠好。面對兩個前景發展都不錯的工作，我建議選擇挑戰較大、或要竭盡全力才能做得好的工作，因為它將幫助你成長更快更多，有機會創造想像不到的成就。

若兩個都不是好選項，那麼可能需要進一步思考，好的工作機會為何沒有找上自己？又為什麼在既有工作創造不出好成績。一不如意就想離職或經常換工作，較難累積實力與有信用的履歷，進而失去職場競爭力。

「換工作」不是簡單的決定，以賭博來比喻，我選擇要就不賭，要賭就賭大些，**不要在兩個各方面條件都差不多的選項中換工作，離開熟悉與已經累積信譽的環境，肯定要付出相當的機會成本**（opportunity cost），所以如果決定冒險，就追求更宏大的可能性，讓離開的決斷發生意義。

職涯上遇到瓶頸，在抉擇路口上徘徊，不妨用下頁列出的指標檢視，幫助自己做出判斷：

- 回到初衷，當時應徵這份工作的最大原因？那個理由至今還在嗎？
- 我還喜不喜歡這份工作的本質？這份工作帶給我的快樂和養分是什麼？
- 我對這份工作的未來發展有期待、有理想嗎？
- 現在的痛苦是因為能力不足、外在因素造成，還是這份工作根本非我所愛？
- 如果確定喜歡也想繼續這份工作，我有企圖心和能力克服挑戰嗎？我需要哪些資源與聰明方法，才能盡早脫離困境？

回答上述問題的過程中，我們會重新檢視自己是沒有方向、還是失去方向？是入錯行、用錯方法？或只是當下的困頓辛勞，一時感到疲乏不耐？無論情況為何，**「離職」通常無法完全解決問題**，因此盡可能不要陷入負面情境，更不輕易怨天尤人，才有機會清晰思考、洞悉改變的方法，締造成功。

05 為自己創造最好的選擇

擁有經濟力、思考力、承擔力，
做任何決定就能不受他人或現實左右。

回顧這段轉職的歷程，我深刻體會到，重大的決定如何影響接下來的人生發展。決策過程中任何一個念頭、情境，都可能有千迴百轉的思量，我們該如何為自己做出「最好的抉擇」？經濟力、思考力、承擔力，主宰一個人的決斷力：

1. 累積經濟實力且經濟獨立

錢不是萬能，但沒錢卻萬萬不能。有工作能力並讓自己有一定的財務實力，才能在許多抉擇中不受束縛，至於多少錢是夠用的，端看每個人的生活所需與欲望。我們不用口袋滿盈，但至少能養活自己，樂在生活。特別是想選擇轉職、進修、休息或有其他生涯規劃時，掌握經濟自主權與足夠的生活安全感，在做任何決定時，便不用受他人或現實左右。

2. 增強能力、歷練與智慧

我們在社會上的生存力，多半源於「能力」與「歷練」。能力來自知識、技能與學習力等，可以透過閱讀、體驗、培訓、結交良師益友，各式學習以增進實力；而歷練則是經驗的累積淬鍊出的判斷力。

隨著能力與歷練累積，「智慧」就不假外求，一個有智慧的人能洞察大局，根據時、地、人、物的不同，列出輕重緩急的決策順序，懂得創造大贏或雙贏。**一個人的思考能量愈大，決斷力也愈強，後續效應就會變得愈廣博也愈正向。**

3. 承擔風險與最壞的後果

別人覺得好的選擇，不一定是我們認為的好決定，「決定」反映了一個人的企圖與信念，同時也考驗著是否能承擔失敗的能力。

很多人「敢做」決定，但是否「敢當」？能不能承受取捨後可能帶來的損失、風險和最壞的局面？就算失敗了，還能好好過下去或反敗為勝嗎？假設可以，那才是真的「決斷力」。如果銀行戶頭空空又有孩子要養，在職場上就別輕易任性、隨便嚷嚷甩鍋走人；年過半百，想要用盡財產梭哈創業，也要三思。

若預想最壞的後果卻無法承擔，別輕率驟下決定。好的抉擇，有時就是要等待天時、地利、人和，才容易創造成功。

沒有人能百分百肯定自己的決斷是正確或是最好的，一個決定是否能在各方面臻於圓滿，許多時候並非人為所能控制，機緣巧合、外力因素甚多。我不妄想每次都能做出一百分的決定，這太奢求、也高估了自己的能力，尤其在這個什麼都可能發生的年代，很難說是全錯或是全對。但也不必因為無法精準就乾脆放棄，或是瞎子摸象走一步算一步。我們總是可以在做完決定後，檢討、持續優化、精煉，讓自己走在「正確和開心的路上」。

該怎麼做到這件事？**定期有紀律的「自我反思」（self reflection）很重要**。思考也檢討每個決策後的學習與獲得，問自己：「是否從這個決定中，獲得滿足與快樂？」以及：「是否後悔當初的決定？如何不再做讓自己後悔的事？」

舉例，轉職以來，我每年年底會問自己：「若時光倒流，依然會做一樣的決定嗎？我現在工作開心嗎？」這幾年來，每次答案都是肯定的，我歸納了這份工作至今仍讓我感到快樂的原因，如下：

- 滿足我想持續學習新事物、新歷練的渴望。
- 克服更多、更廣博的挑戰，我為自己的勇氣感到驕傲。

- 因為背負著更艱鉅又深具意義的任務與使命，體驗到生命與工作的意義及價值。
- 由衷地喜歡我的夥伴和團隊，為了他們，所有的努力和辛苦都值得。
- 每天睜開眼睛就想來公司，我真心喜歡來上班。

憑藉不斷自我反思，鍛鍊決策的自信，才不愧對稍縱即逝的人生。

QA

個人的努力不被老闆肯定，該怎麼辦？

學會做好「向上管理」，讓主管需要你的協助來達成組織目標，自然能為自己創造更大的表現舞台與展現價值。

與老闆不和是職場不如意的重要原因之一，主管掌握了資源配置的權力，能否與主管有良好的互動關係，往往影響職涯發展。因此「向上管理」成為職場生存學中重要的一門學問，若向上管理的觀念與做法拿捏正確，老闆將成為貴人，職涯也能更加順遂。

管理大師杜拉克說：「你不必喜歡、崇拜或憎恨你的老闆，但你必須管理他，讓他為你的成效、成果和成功提供資源。」這種積極的做法，就叫作「向上管理」。

但我想要強調，先管理好自己才有機會管理好老闆，表現愈優異且總能信守承諾的人才，對老闆與組織的影響力就愈大，也才能為自己創造更大的舞台與展現價值。**向上管理並不是拍馬屁的逢迎諂媚，而是能夠思考如何與主管培養默契，以正直明確的行事作為，讓主管需要你的協助來達成組織目標。**從組織來看，通常員工可分為四種類型：

【第一種】看不到問題所在，當然不會想答案

這一類員工的命運，通常很殘酷，不是被企業淘汰，就是未來被機器人取代。

【第二種】看見問題，但找不到解答

這一類員工被問題困擾，又找不到答案，容易怨天尤人。我的建議是，最好停止抱怨，企業花錢聘雇人才是為了解決問題，不是為組織創造負面氣氛；這類員工可以積極學習並跟隨領導者找到出路，過程中強迫自己快速學習和貢獻。

【第三種】看見問題，也知道答案

這樣的人才是企業需要的，也是人才獲得薪酬，為企業貢獻的基本價值。

【第四種】看到問題，知道答案，還能和團隊協作出成果

這種傑出人才受老闆重視也受團隊愛戴，能不斷創造成功。倘若我們能成為這樣的人才，職涯自然容易順遂，身價水漲船高。

卓越的人才有能力、能思考、能協作、說到做到。我們應該期許也要求自己成為第四種人才。當老闆認定我們對組織有所貢獻時，我們和老闆的關係就開始正向發展。我的職涯中，接觸多位不同國籍的老闆，由於文化背景不同，領導風格與做事方法也各異其趣，但我和他們營造美好關係的通關密語其實只有一個，即「將工作成果做到卓越」。

當我的表現愈專業、愈優異，就愈能贏得老闆和團隊的尊重。**如果可以，最好能做到別人難以取代，如此一來，公司的栽培和升遷機會，只是隨之而來的結果。**一旦能持續做到承諾的成果，那麼信任指數會不斷增加，對公司或老闆提出的任何提議都容易被接受，即使和老闆意見相左時，他也較願意傾聽及理解，一同討論出其他替代方案。

創造自己在職場上不可被利用或無可取代的價值，是向上管理最重要的關鍵，也是舉世不變的硬道理。

根據我的觀察，老闆不一定比你優秀，但他一定能做某些你做不到的事，否則不會坐上這個位子，因此，即使對老闆的決定或指令有質疑，我不會只說「不認同、辦不到」，而是提出觀點，讓他知道我說不的理由，並提出建議的解決方案，讓彼此成為互補協力的好夥伴。

有部好萊塢電影《關鍵少數》，內容描述三位任職美國太空總署NASA的黑人女性，身處美蘇冷戰的年代，在充滿種族歧視的社會氣氛下工作。她們具備超越其他人的實力，而且不畏於對主管提出專業看法，因此深獲重視，最後成功把美國太空人送往宇宙，成為完成人類首次繞行地球創舉的幕後推手。片中女主角凱薩琳·強森（Katherine G. Johnson）曾對質疑她的人說：「我們被錄取不是因為我們穿裙子，是因為我們戴眼鏡。」她們用能力破除了刻板標籤，贏得敬重。

除了自我要求做到卓越，正真與誠實是贏得老闆信任的第二把鑰匙。沒有人喜歡拐彎抹角的相處與溝通、或總是報喜不報憂地粉飾太平，**唯有切中要點的實話，才能幫助老闆做出正確的判斷與決策。**

想與老闆關係良好，不妨先評估自己在其心中的可信度有多高？有多少能耐解決別人無法處理的問題？是不是一個負責任、說到做到的人？能否成為助攻老闆上籃得分的神隊友？

當你能幫老闆解決棘手難題，
自然會被器重。

“領導者不能只會衝刺與跳躍，
還要懂得伏低前進，
等待正確時機創造最大改變。”

Chapter 3

成功領導

開創新局，不是被迫回應問題

願意為理想跳脫框架，為變革承擔風險，領導者要能了局、解局、布局，才能善用人才與資源，有效溝通與決斷，成就團隊與組織。

從員工到經理人，從經理人到領導者，我們對自己的職涯有許多期許，卻不確定自己的能力是否足夠？

二〇一七年，我從管理百人的廣告公司，轉戰領軍超過千人規模的行銷傳播集團、共十家不同專長的品牌公司，這是考驗領導力與決斷力更上層樓的試煉。來到一個全新環境，要面對的課題不只是整合多元的生意範疇與組織，如何深思遠慮，創造集團生意、數位與人才轉型、提升營運績效、推動創新文化和永續經營，更是核心任務。

真正的領導是開創，

不是被動或被迫一直在回應或解決問題。

要開創，先要能看透市場的需求和未來發展，理解組織的機會和威脅；沒有對現實與趨勢的了解與看法，無法找到突破的策略；不知如何解局則無法布局，導致團隊的努力或組織的改變，容易漫無目的或事倍功半。

一上任，我就督促自己虛心並快速學習，理解集團與各公司的商業核心策略、挑戰與文化：包括資源盤點、競爭優勢和市場機會點、生意瓶頸、各品牌戰略與定位等，更重要的是，真心誠意地好好認識我的新夥伴們，同時也白我介紹。

一個沒有充分了解彼此並互信的團隊，無法真正合作也難成就大事。我從深度對談中，認識集團經營團隊中的核心成員背景、個性、想望，以及我們可以互相成就彼此的地方；為了讓大家理解我的志向和集團的未來方向，我用心溝通「我是誰」與「我為何而來」。

深入了解和分析後，我發現，集團的優勢不只是創意、媒體、數位或技術等垂直專業，而是當這些資源與know-how真正整合，將發展出許多創新事業、業務、服務模式與數據智能平台，而我的資深夥伴們，也正渴望推動集團與產業的正向改變。

隨後，我提出集團的三年轉型與成長計畫，從組織願景、商業模式、併購與投資策略、以客戶需求為中心的整合、人才策略等多個層面來推動創新，促動集團加速轉型，透過各品牌公司協作，共創更有優勢的商業效益和服務價值，建立臺灣唯一真正能提供兼具創意力、數據力與技術驅動，並能提出全方位解決方案的行銷傳播集團。這項三年計畫得到總部與亞太區老闆的肯定與支持，也讓臺灣的經營管理團隊與夥伴們，對集團未來發展開始有了方向與共識。

對於領導者而言，許多時候決斷力就是領導力。為團隊的未來決斷方向和凝聚向心力，是領導者無可迴避的責任與決心，將思維從管理者提升為領導者，才能集眾人之力推動正確的轉型改造。賦予夥伴們在工作上更深刻的意義，期許為夥伴、客戶、集團與產業創造價值，整個團隊會為此感到驕傲。懷抱這樣的意志，在這個崗位上迄今努力四年，上天又給了我另一個考驗。

01 超前部署，凝聚共識

決斷力不只是明快做決定，
而是有效率、有方法地創造共識。

二〇二〇年的新冠肺炎疫情，是所有領導者的嚴酷試金石，對我亦是如此。疫情之初，不像過去農曆新年充滿歡樂節慶氣氛，新聞每一刻都在報導疫情，社群媒體的傳播力更強化了莫名的恐懼，景氣瞬間冰凍，我們該如何因應？未來市場會有什麼變化？這是短期現象，還是必須認真面對的新常態？

為能了解真實狀況與局勢，整個春節，我和集團主管密切關注臺灣和全球疫情動向；大年初三，我做了初步的假設，研判這場風暴對臺灣與集團的影響程度將是「極為嚴重」，因此，我們勢必要在開工前做出危機管理與應變計畫，才能因應接下來的疫情發展，並將傷害降到最低。

初四，我便召集集團所有部門主管開緊急會議，即刻成立緊急應變小組。會議中，我們分享即時資訊，傾聽大家的看法和建議，確認每個人都充分掌握一致且正確的資訊後，團隊開始有效率地釐清每件待辦事項的急迫性與重要性，進而做出正確的決策與安排。

「個人與企業自身得先自保，才能協助臺灣控制疫情」，這是我們的初步共識。集團首要任務是確保所有夥伴們的健康平安，其次才是克服生意的挑戰。唯有全體同仁都安全，我們才有實力克服疫情對業績和營運的衝擊。在這樣的前提與目標之下，眾人開始分工合作。

首先，我指派了疫情指揮官，請他持續掌握與分析疫情資訊，確保集團所訂定的防疫政策都能基於可靠事實與最佳預測，並與員工有效溝通；其次，各相關部門針對辦公室公共衛生安全、資訊及人事系統、營運配備、防疫物資的蒐集及與員工定時溝通等，做出相應規劃，例如準備足夠口罩、酒精及額溫槍，擬定上下班、出入管制的SOP等；資訊科技部門則要確保集團一千多名員工使用的系統穩定，必要時，還能有效率地在家工作，即使疫情惡化，仍能保持日常工作順暢運作。

該做的事情多又急，管理團隊必須冷靜地做出判斷，在最短時間內擬出正確方案，以供所有人遵循，而各種措施與後勤支援系統，也必須確保都能高效運作，讓夥伴們年假後回到集團上班時不會感到心慌。

初五，我邀集十家品牌公司的執行長、總經理與集團部門主管一起開會討論，除了分析當下掌握的疫情現況、疫情發展與景氣影響的預測，也布達防疫目標和第一階段的防疫政策。會議中大家齊心討論如何更好地規劃政策、如何降低風險及對生意的影響。

這場會議後，大家理解也同意集團防疫目標與原則，以及超前部署的重要性，我再度收束及明確化同仁出差、出勤與訪客限制等防疫政策。開工前，我們順利完成所有員工線上健康與旅遊史調查，其中有超過兩百多人因在春節假期時，本人或接觸者曾至中港澳，因此接下來十四天，他們都必須在家上班；全體同事也被要求每日線上回報健康狀況、進出量體溫、戴口罩上班，並停止所有出國出差行程等。

我們持續透過線上系統蒐集每位員工的旅遊及接觸史，進一步掌握可能感染源，防堵防疫漏洞；集團與所有品牌公司也通知客戶，暫時停止非必要的見面會議，各項作業和溝通改以視訊與電話會議進行。

從事件分析、集團方針、政策擬定、執行細節、資源調度、後勤支援及危機備案，短短幾天內我們就有了清晰的目標、計畫和做法，可以應對開工後的需求。眾人之所以能夠快速行動、信念一致，仰賴於最初討論時，我們就先讓經營管理團隊對事件有相同的理解與共識（了局），才研擬下一階段的策略與行動方針（解局與布局）。

國際信評集團穆迪（Moody's）首席經濟學家龍斯基（John Lonski），以「新型冠狀肺炎可能是前所未見的黑天鵝」為題發表報告。他認為，疫情沒人能預測，不像金融海嘯，政府手上還有金融工具可操作，相形之下，政府在經濟與醫療層面能做的事，恐怕很有限。每個產業都要有危機意識，做好迎戰的準備。

我們可以試著回憶當時，疫情剛開始爆發，社會因資訊落差造成假消息四竄、抗疫民生物資匱乏，大多數的人都處在恐慌的狀態與情緒。**當資訊混亂紛雜時，若無法有紀律地梳理，或沒有全面思考的邏輯脈絡，就驟下指令，後續行動可能會引發質疑和反效果。**

舉例來說，我們集團比政府更早要求有中港澳接觸史的同事在家上班、大樓拒絕訪客，第一時間就規劃全集團同仁都能在家上班的支援系統，可能當時有人會認為言之過早，或是對同事在家上班的效率難以信任，不想太早執行在家上班演練。如果因內部有這樣的猶豫，導致該做的判斷不敢做、執行沒有迅速落實，時間延宕的後果將不堪設想。

所幸我們有一群專業又有凝聚力的經營管理團隊，從理解狀況、訂定目標與政策、客觀討論、達成共識並依序布達與執行，順利一步步將防護網建置起來。抗疫過程中為了讓夥伴們在疫情中更有安全感，我定期忠實分享集團對疫情的掌握、政策布達以及疫情對市場與生意的影響，持續半年每週一封 CEO 疫情報告 E-mail，適時鼓勵大家照顧好自己和家人健康。

在這個危機事件裡，所謂的決斷力，並不是我作為領導者一個人的明快判斷、或做所有決定，而是在最短時間內，有方法又有紀律地讓管理團隊有共識，一起規劃目標與做法，創造一個有建設性又透明的溝通平台，然後集體行動、全員一心。

「超前部署」是成功領導與危機管理的關鍵，也反映主事者是否「先知先覺」做好風險控管。

面對重大決策，如果毫無準備、後知後覺，容易錯失良機或誤判，造成組織與團隊的傷害。培養決斷實力，必須持續吸收知識和學會傾聽，對人事物有洞察力，鍛鍊化繁為簡的分析力，才能在危機的最初洞燭機先，臨危不亂，做對決策。

02

轉守為攻，反敗為勝

情勢愈嚴峻，愈考驗專業與應變速度，
必須運用戰略與創意逆轉勝。

通過第一階段的考驗後，進入第二階段的挑戰。「如何將疫情對客戶與集團生意造成的衝擊降至最低，也確保客戶得到有價值的服務與保障」，這又是個需要清晰戰略與果斷決策的考驗。

我當時假設，半年後疫情才能開始慢慢受到控制，客戶屆時需要時間反映市場新狀況、調整策略，最快也要九月後才能恢復品牌行銷活動，等到業績回升，可能已是十月以後，屆時生意損失一定十分可觀。因此我們不能坐困愁城，必須盡早發動符合疫情市場變動、和客戶需求的應變方案。決策圈有共識後，所有品牌公司及集團一起迅速發展生意進攻與防守布局，一個月內發布臺灣第一份新冠肺炎疫情研究及行銷觀點報告，並推出抗疫行銷快服務與數位轉型傳播產品，第一時間開始協助客戶對抗這場史無前例的危機。

我們分析集團前十大產業客戶名單，逐一找出客戶分別在哪裡設廠、主力市場、消費族群、產業類別屬性，以及原物料產地來源等，藉此預測客戶生產鏈、營收與行銷活動會受影響的程度與嚴重性，進一步研判如何針對不同產業客戶，提供危機時期適當的行銷方案與服務。

往常我們從診斷客戶生意或行銷傳播課題，到發展策略創意及執行完整計畫方案，至少費時二到三個月，但面對高度不確定性的緊急狀態，過去的服務模式絕對無法應付分秒必爭的非常時期。

為使同事盡快進入必要的作戰狀態，我將客戶在疫情中的生意受創，比喻為「得了急性盲腸炎，要馬上送急診緊急處理」，我們要先幫助客戶確保其沒有生命危險、協助解除痛苦，而不是像承平時期，慢慢做完全身健康檢查再長期醫治。

團隊發揮專業與創意，幫助客戶先穩住業績後，再超前部署後疫情時代客戶能搶攻的生意契機和消費行為變化，透過這些規劃思考，創新推出許多深獲客戶好評的方案、以及能讓客戶在六週內看到行銷成效的「快服務」，包含數位轉型速成訓練、數據行銷、媒體結合新聞與社群行銷產品、戰術性品牌與產品廣告等，成功協助客戶在疫情間快速找出有助品牌與業績的戰略做法。關鍵時刻，我們和客戶齊心協力共度難關，也展現應有的專業價值與夥伴精神。

在疫情開始漸漸回穩時，集團資深團隊又發布「振興消費潮商機報告」，除了疫情和產業分析，也預測了萬一疫情幸運得以控制，行銷廣告的投資趨勢；最重要的是，客戶該如何自保，危機入世、開創新局。我們所做的一切，都是希望引導客戶在疫情中與後疫情時代，透過精準與數位行銷的布局，創造品牌和生意的成長。

在這段過程中，我們和時間賽跑，因為客戶與我們自身所面對的生意衝擊，是擺在眼前的現實和壓力。此時，我做了一個重要決斷：非常時期，調整原品牌公司自主管理業績達成的策略與執行方式，部分改為集團掌控疫情因應戰略的營運模式，讓集團內所有公司有一致的短期目標和大戰略。如此才能透過綜觀全局的視野、集體合作的應變策略、快速創新服務，找出驅動生意成長動能的契機。

「梳理課題、找到契機、發揮創意」，最後「執行行動方案」，這個決策的邏輯與執行，與上述達成第一階段目標的方法完全相同。我們用同一套決策邏輯思考，就可以有效率地判斷和行動，也不致讓整個集團亂了陣腳。情勢愈嚴峻，愈考驗智慧與應變速度，能否運用戰略與創意扭轉乾坤。

我曾看過一部生態紀錄片，雛鷹誕生在斷崖峭壁上，牠們並沒學過真正的飛行，第一次就是生死攸關的奮力展翅，牠們可以縱身躍下翱翔天際，或是因躊躇不前被母鷹放棄而餓死巢中。對一隻鷹而言，飛翔從來不是一個選擇，而是牠生命的全部。

人生中有很多時候我們就像雛鷹一般，站在峭壁上，面對生存的挑戰，措手不及。

逆風雖然強勁，但不要忘記飛行是我們的本能，只要勇敢地向前邁進，勝利才有機會發生。

03

洞悉人性，有效溝通

每個人對改變的接受度不同，
溝通需要洞察力與智慧。

願意為理想跳脫框架，願意為變革承擔風險，這樣的體認讓我相信，我們所做的每一件或大或小的改變，都有可能帶來新的局面與更好的可能。

但是，每當領導者要創造改變，都可能招致各方不同意見，萬一遇上急迫時刻，沒有太多時間慢慢醞釀溝通，必須很快讓大家動起來時，領導者要能不計榮辱毀譽，朝著目標大破大立。

面對改變，無論哪一種做法，一定會有人感到不舒服，因為世上沒有人喜歡改變。想討好所有人反而會綁手綁腳、不知所措，甚至做錯決定。**做決策很困難，可是領導者不能不做決定，優柔寡斷只會讓事情更複雜棘手。**

敢不敢做出艱難的決策，負起責任與接受成敗，正是展現決斷力的時刻。許多重大決策的目的，在於創造長期利益的改變；在企業裡，它可能是公司文化與組織的改革、制度的優化，或是新作業系統的導入。改變推動過程中，除了要有明確專業的規劃，還需要有對人性的洞察及有效的溝通，完整的決策配套才有機會如期達成預期的效益。

團隊不願意改變的真正因素是什麼？領導者要以智慧與同理心去體會隱藏在不安背後的原因，再去溝通為何要改變，以及改變帶來的價值。畢竟，每個人對改變的接受度和速度都不同，要使人願意接受及參與，需要有正確的態度及方法。

根據經驗，每當要「創造改變」，我會先確認自己有下列三種態度與準備：

1. 溝通技能與智慧——將心比心，不厭其煩

領導者要能將自己對改變的觀點和理由說清楚，必要時說上十遍、百遍，不僅不能不耐煩，還要能愈說愈好。我常提醒自己：「我說了什麼不重要，重要的是我溝通的對象聽懂多少、接受了多少。」溝通技能與方法，是領導中最基本也最重要的一門學習。

溝通過程中，用這套說法說不通，那就換另一套；用說的聽不懂，就用寫的；用寫的看不懂，就用畫的！開完會後，再將你說的、寫的、畫的那些資料，整理後分享。要說這是洗腦也行，其實我只是體認到人性抗拒改變的現實，而我願意以時間、耐性及溝通力，換取理解與支持。

領導者不能只會衝刺與跳躍，還要懂得伏低前進，等待正確時機創造最大改變。

我有多次經驗，明明是對同一個人的相同要求，去年好說歹說，對方就是不願意接受，但今年不知為何，他就樂意了，而我們永遠不會知道，究竟是他在別人身上看到成功案例，有了信心才願意配合，還是他恰巧在此時碰上瓶頸，發現這個改變的提議可能帶來轉機。有時我們需要的只是「耐心」，等待決策被驗證的好時機。

對我而言，聰明與智慧是一線之間：聰明，是別人出題就能快速解題；智慧則是知道解答，但懂得布局讓成果更加巨大。例如：領導者在集體討論變革方案時，讓反對者表現與搶答，使其成為英雄與焦點，是一種比自己搶得先機或提出解答，更珍貴、更能激勵團隊的方式；**有時先退再進，反而能讓事情進展得更快、更遠。**

經驗中，很多時候遇到的反對聲浪，是因為我們溝通的內容根本沒人聽懂，也可能是傳達得不夠清楚完整，或是溝通態度不好。我們要有能力抽絲剝繭，研判對方不願意接受的原因，理解其中的盲點與矛盾，像解開纏結的毛線般找出關鍵所在，這需要洞察對方真正的需求與痛點，進而對症下藥，這是能力，也是種智慧。

2. 堅持到底——下定決心，破釜沉舟

創造改變十分困難。我們常聽到類似的故事，新的領導者想改革老字號企業，但往往在決策時，會面臨保守派的質疑挑戰；又或者建立組織中的新制度、發展新服務，難免有人因為學習新作業，感到麻煩辛苦而抗議；這些都會帶來決策考驗，讓領導者困擾放棄。

然而，只要決定啟動改變，也確信決策是對的，就一定要堅持到底，並創造出成果。否則，當下次想發動另一個改革時，只會被團隊當成「狼來了」兒戲，不只會消滅我們的信心，成功也將難上加難。

卓越的領導者有強韌的意志力，能讓跟隨他的人相信，成功極有可能會發生，進而願意努力一起成就偉大的理想；意志力會帶給人信心和鬥志，偉大的創新才有機會誕生。

3. 學會傾聽——接納不同，優化決策

領導者的責任，是為團隊引領正確方向，訂定目標與大策略，把組織帶向更好的未來。然而，過程中也可能誤判或思慮不周。**因此，傾聽、分析並接納團隊的意見與幫助，則是另一種決斷力的素質。**

我的責任是為集團做最後決策，但夥伴們的觀點和建議，可以佐證我判斷上的好壞對錯。倘若夥伴們能說服我，改變原先的決策能使結果更好，我欣然接受。相反地，如果我能說服夥伴們，也是讓團隊更清楚決策背後的思考與理由。

我很幸運，身邊有一群非常優秀又願意表達建議的工作夥伴，他們可以無所顧忌地讓我知道哪裡做錯或考慮不周，讓決策優化。

領導者再怎麼專業，也一定會有盲點，終究一個人的思考，不敵一個專業團隊的集體智慧。

俗話說：「三個臭皮匠，勝過一個諸葛亮。」就是這個道理。

隨時保持開放與信任的態度，傾聽團隊的意見和忠告，即使決策一開始不完美，也有機會邁向成功。**營造一個能讓人勇於提出諫言的工作環境，是創造企業成功的重要基礎。**

04

適才適所，培育神隊友

把寶貴的時間與心力，留給值得付出的夥伴。

行銷傳播產業的核心服務是研究文化、人性洞察與品牌資產的交集，並提出策略觀點，進而發展出具影響力和銷售力的創意解決方案。在販賣觀點和創造力的產業裡，「人」是公司最重要的資產，如何發掘與培育人才，是最關鍵也最困難的課題。

領導者需要不斷思考，如何啟發團隊自發性學習，培養突破困境的決斷力，但也很容易陷入希望所有成員都有優異表現的不實際幻想裡。過去我曾絞盡腦汁，試圖引導團隊中每位成員都具備正確價值觀、超強企圖心、優異的判斷與解決問題能力，但現在的我有不同想法。

一個團隊本來就由不同特質與能力的人共組而成，我們無法要求所有人都有一樣的特質或能力，也不可能百分百符合我們期待的表現。關鍵是，領導者能否有所取捨，並知人善察。

主管往往為了要滅火或解決問題，付出較多管理時間在表現不好、或哭鬧要糖的人事上，因而忽略了組織裡的好學生。這是管理決斷時的一大盲點，表現優異的夥伴，是組織達標與永續經營最重要的功臣與關鍵，領導者要切記，不要把重心放錯位置，造成更大的管理風險。

為了讓自己能充分關注組織裡的優秀人才，我重視也參與集團裡的人才培訓與激勵計畫，甚至刻意安排，與表現優異的夥伴定期一對一午餐或下午茶約會，在直接的互動中，傳達我的重視與感謝、關心他們的近況、聽聽他們對組織的建議，或是彼此分享業界動態與趨勢。每次的相聚，都讓彼此得到更多學習、信任與關愛。我提醒自己，要付出最多時間和心力在這些該被珍惜的夥伴身上。

「有捨才有得」，這是我在領導和投資人才上，學到的重要觀念和原則。當領導者清楚管理重心，自然會選擇放棄部分無法跟上組織前進的夥伴。我不會掙扎放棄懶惰或負面的成員，不論他有多優秀。當價值觀和表現必須二選一時，我選擇留下價值觀與我相同的夥伴，再投入資源培訓他們成為頂尖團隊。

領導者放任價值觀偏差的成員在組織中，會造成公司文化扭曲，也會促使正向積極與正直的人，質疑領導者或離開公司，最終影響整體表現。

老天是公平的，每個人一天都只有二十四小時，能投入工作的時間和精力有限，領導者需要判斷團隊的能力、態度、資質和企圖心，選擇留下對的人，再將人才安排在對的位置，給予相對應的培訓和任務，才能營造組織的成就。

組織裡一定會有表現不佳的夥伴，之所以未能符合期待或達成目標，通常可歸類四種狀況，主管可透過以下分析，決定要如何把寶貴的管理時間留給值得的夥伴：

1. 不知道自己該做什麼的人（Don't know WHAT to do）

這樣的員工通常在剛加入公司或接到新任務初期，表現不佳，此時或許與能力無關，而是他剛進入新領域、新工作或新文化，無所適從，還不知道該做什麼才能完成任務或協助團隊達標。在這種狀況下，「清楚溝通工作職責與組織規範說明」，是公司與主管該為這類夥伴做的事。

2. 知道自己該做什麼，但還不會做的人（Don't know HOW to do）

這種員工知道該為組織完成什麼任務、該達到何種標準，但還不具備該有的能力、技術或經驗，這時主管可以針對不足，給予培訓與資源協助，例如，缺乏企劃、英語或簡報能力，給予適當的教育訓練，幫助提升專業技能，讓他有能力完成任務，好好表現。

3. 知道自己該做什麼也知道怎麼做，卻不想做的人（Attitude）

這類員工清楚知道主管的要求，具備了相關專業能力，也知道該如何做到，但態度上就是不願意配合。例如，知道老闆期望團隊要互相合作，也知道合作需要和隊友討論或相互支援，但可能自視甚高或覺得沒必要，就是不想與同事互動，最終讓團隊或組織利益受損。這樣的人很難成就大事，這與是否具備足夠認知與能力無關，而是最基本的工作態度偏差。

4. 知道該做什麼、怎麼做，也願意嘗試，但就是做不到的人（Personality）

以最簡單的舉例說明，員工知道也想要遵守公司九點準時上班的規定，更知道只要鬧鐘響、準點起床出門，就可以達到公司要求，但有人卻放任自己的懶散性格，選擇賴床，一再遲到挑戰公司規定，影響團隊紀律。這種人明知在工作上的責任和義務，也有足夠能力完成任務，態度上也有意願做到應允目標，但個性或天性，讓自己終究無法履行承諾，為組織帶來困擾。

前兩種夥伴較有機會能透過溝通要求、專業訓練和主管協助，讓他們學會當責並改善表現；但第三種和第四種人，十分挑戰主管的領導力。卓越的主管還是有機會透過輔導啟發，讓原本不想配合的同事願意改變態度，甚至調整性格，但這對於主管和團隊都是相對困難的任務。

如果我們盡力嘗試幫助無法達標的夥伴後還是失敗，專業的領導會敢於讓不適合的夥伴下車，一再給這種「有能力卻不想做或做不到」的夥伴機會，只是徒讓其他人感到不公平，增加管理困擾。對於這兩類員工，我們最後該做到的程序正義，就是給予清楚明確的評估目標與期限，真誠客觀地溝通，確保雙方達成共識後再分手。帶著善意講清楚說明白，通常能讓一段關係好聚好散。

請記得，無法在這間公司表現優異的夥伴，不代表他是個能力不足的失敗者；不適任這份工作，有可能在別的職位、別的地方變得出色，有時只是人、職務及公司之間，配置出了問題，無關誰對誰錯。

雇用哪類型的人才、安排在哪個位置上、給予他什麼權利，都是領導者的責任。

因此，如果錯置一位不適合的主管，在重要決策的位置上，那最大的錯誤其實就是領導者。

管理者對團隊成員的去留決斷，並不意味做法決絕，也絕非要造成打擊，而是運用智慧，讓團隊及當事人看到未來能有更好的可能。

05

訓練當責，建立共好文化

讓該負責的人學會負責，
團隊互助一條心。

在職場上，有時會遇到專案負責人做出我們認為不是那麼恰當的決定，該選擇坦誠以告還是維持沉默？有些人認為「不在其位，不謀其政」，不應多過問；有些人則基於「團隊共好」，會積極介入對方的決策領域給予意見，試圖改變。

我選擇第三種做法，無論是上司或團隊，我都會如實陳述自己的觀點和建議。然而，當充分溝通後，我會百分之百尊重對方的決策權力，絕不過度干預。

何以一定要說出自己的想法？因為團隊所有人都在同一條船上，任誰犯錯都可能導致這艘船觸礁擱淺，沒有人能置身事外。更重要的是，每個人都有責任讓船順利航行，因此任何人看到潛在危險時，都該適時提醒並給予協助。

危機發生時，必須能彼此補位，但絕不是越俎代庖，忘了各自的角色與責任。

例如船長看到船身破洞，是要提醒船員補洞，並督促負責的人趕緊完成任務，而不是拋下掌舵這項重責大任，自己跑去做補洞的工作。

假設溝通之後，決策者選擇不採納建議，只要事情不影響大局，我會選擇尊重與祝福。如果最後的風險與結果由他承擔，就不應該強迫對方接受自己的看法。我們的想法不可能永遠正確，況且我們不是主事者，不會了解全面狀況，意見也只能提供對方參考；即使事情發展如我們所料，決策導致全盤皆輸，主事者也勢必得到教訓並從中學習。

以我而言，我的工作重點是擬定集團發展願景與成長策略，確保業績達標、永續經營。集團相關的商業和管理決策由我決定，因為最終我要對集團成敗負責；而集團內每間公司的負責人，在集團策略方針下有各自發展與負責的範圍，他們理當有自行布局的權力，想要如何經營公司、增補或裁減部門或員工，即便是身為集團執行長的我，都不應任意插手，令各公司第一線領導人綁手綁腳，使決策窒礙難行。

然而，當集團內任何一間公司發生問題或求助時，我就該責無旁貸共同承擔及解決。這是共患難的態度，也是讓團隊學習如何一起克服困難的「身教」。

領導者凡事要先反求諸己、自我檢討。**當公司、部門或同事表現欠佳時，先想想是否與領導策略與用人判斷有關，別輕率將錯誤都歸咎團隊，卻忽略可能是自己在無**

意間將團隊推向失敗。

組織的成功是團隊上下齊心努力的成果，

而組織的失敗，往往是領導者做錯決策與用人錯誤的結果。

06

將心比心，團隊向心

把夥伴受過的傷、贏過的榮耀，或是想望的未來，放在心上，當團隊感受組織內珍視彼此的氛圍，向心力與戰鬥力自然強大。

隨著職場歷練的累積，我發現，人與人之間的信任，要靠一次次事件與實際行為累積來建立，而信任則是打造向心力的首要關鍵，領導者和團隊要創造出牢不可破的互信才能所向無敵。

領導者是打造團隊向心力的負責人，必須以身作則展現同理心、真心與用心，珍愛團隊。

1. 同理心

在面對衝突時，我要求自己先有同理心，先理解對方不同的立場、看法和需求，再試圖進行對話。一旦團隊感受到領導者的理解與體諒，對話容易聚焦、也較能有所共識。但我也必須承認，將心比心不見得就能感同身受。我與當事者畢竟擁有不一樣的個性，也不曾經歷同樣的人生，因此我們很自然地對同一件事會有不同反應。但「具同理心卻不見得感同身受」，反而會帶來一種客觀性，我的經驗是，當我理性溝通與談判，容易獲得對方信任，提出的觀點也比較容易被接納。

2. 真心

領導者可以捫心自問：「是否珍惜、愛護團隊？」**照顧團隊不是一份工作，而是一份心意**。這個因「想要」的念頭所付出的努力，就是真心。

當領導者真心在意團隊，就會想要認識及了解夥伴，關心他們、成就他們，也願意花時間理解大家不同的背景或相異的糾結點，無論是曾受過的創傷、贏過的榮耀，甚至他們想望的理想未來，都自然而然會放在心上。真實情感的交流是雙向的，當領導者和團隊互相珍惜，這個群體就會集結巨大向心力與開創性。

3. 用心

用心是傳達真心的體現。包括知道什麼時候是團隊在意的關鍵時刻，該做什麼與如何做才能讓團隊知道我的真心誠意。它可以是一則短訊、一通電話問候、一份小禮物，或在危難時與他們一起共患難的行為。

這不是收買人心的手段，只是單純想讓夥伴們感受到我的關注。基於這些日積月累的真情互動，當我必須做出一些讓團隊很難接受的困難決斷時，團隊才較能因為信任而有所體諒。

體貼人心的領導者，讓人願意追隨、患難與共。「團隊不在意你多厲害，直到他們知道你有多在意。」

我時常提醒我自己與高階主管：

「領導者是為組織與團隊工作，

我們不是為了自己的名利與成就工作。」

當領導者有如此的認知，往往就能做出專業有建設性的好決策。

工作超過二十五個年頭，至今我一直叮囑自己，要持續學習成為專業又懂得愛人的夥伴和領導者，除了堅守專業至上原則，也該重視人與人之間的尊重與相處細節。

07

重情別濫情

做人，重情意；
做決定，不被人情綁架。

一起打拚、患難與共，打過的每一場戰役，都是深化夥伴關係的累積。然而，職場向來不是個讓人感情用事的地方。我們或許很常聽到這樣的善意提醒：「做決定，別被人情綁架。」但實情是，大多數的人都會被情左右。

年輕時，我曾一度決定離職，加入一個創業的機會，那時的我很想成為一名創業家、生意人。就在遞出辭呈後，得知我老闆馬上有個重大升遷機會，那個角色需要強而有力的業務大軍支持才能成功，而我知道，自己是他團隊中的重要戰將。

這位老闆對我有知遇之恩，他不只在工作上用心指導和栽培我，還是個真心愛護我的長官，若我當時離職，對他的升遷與發展，勢必造成影響。因此，在得知他可能獲得升遷機會後，自己便斷然延後了離職創業的機會及原本規劃。即便當時我先生認為，那不是一個理性的決定。

「就算創業有機會讓我飛黃騰達，但在這種關鍵時刻，我不能離開栽培我的老闆，我該做的是全力支持他。」這是我當時的念頭。關於這件事，老闆沒有為了他的升遷請託或給我任何壓力，所有的決定只與「我自己」有關。這個決定是否有受到人情影響呢？我不否認，但當時我清楚知道，自己必須報恩，所以選擇留下。

即使我重情，但在職場上，作為一個領導者，無法避免要做許多和人事相關的困難決策，因此我要求自己「重情不濫情」，儘管心裡再怎麼喜歡任何一位夥伴，只要他不適任，我還是會理性評估並做出對組織負責的必要安排。

有一次，我決定辭退一位個性十分討喜的夥伴，他在最後一次的對話時哭得傷心。他說，眼淚和激動的情緒不是因為被辭退，而是自從他出社會工作以來，還沒有一位主管如此用心理解他、關注他的發展和盡力幫助他。

當時決定讓這位夥伴離開不是一個倉卒的決定，當公司發現他的能力和表現追不上團隊標準時，就開始對話溝通，明確告知他所面臨的挑戰、需要達成的目標以及公司能提供的協助與資源，我們設定了三個月的時間讓他有目標和方法突破。

這位夥伴知道我們盡了最大努力幫助他，而他也盡全力學習，雖然最後結果不如預期，仍舊對於我們一路的悉心指引，心存感激。

用真誠的關懷與專業協助夥伴，才能讓夥伴坦然接受被調任甚至裁撤的決定，領導者不用害怕在做困難的人事異動決策時，會讓夥伴心生怨懟或產生芥蒂。因為夥伴會知道，你對他的付出與珍惜是真心的，但之於工作專業，你必須做出這個決策，兩者不互相衝突。

做決定時，兼顧人情義理的決斷，不一定就是「感情用事」，所有決策反映了領導者與組織的價值觀。

職場上的「欠債還情」、「義氣」、「報恩」，這些情況都可能發生，但如果我們被過多的情感困住，就容易失了準心，陷入為別人而活的窘境。**尤其是領導者的個人好惡不該影響組織決策、紀律、運作與利益，專業要能駕馭人情，才能贏得尊敬。**

作為一個領導者要能做對決定，為組織帶來積極有意義的改變，承擔代價也是領導力的一環。**決斷力就像許多技能，是一種熟能生巧的訓練結果，**當你願意正面學習、鍛鍊、內化，我們就有機會破關並掌握它的力量。

Q A

面對容易猶豫不決的人，如何幫助他？

鼓勵他積極學習與不恥下問，
一旦對事件與後果有全盤了解，決策就相對容易。

無法果斷做決定，或不想做決定的人，有時不是因為沒膽量，而是「認知不足」。不習慣、不懂、沒有經驗，這些變動因素原本就會讓人擔心，這是人性，而我們能做的，是以同理心去理解藏在不安背後，不願意嘗試的真正原因。

如果做決定只是盲猜，像電影情節裡不專業卻被迫要拆炸彈的人，紅色和綠色電線不知道要剪哪一條才能解除危機，知識不足卻必須做重大決定，自然會恐懼，也無法想像和承擔可怕的後果。一個人不可能什麼都會、什麼都知道，因此，遇到重要決策時不妨先積極蒐集資訊，快速充實相關知識，或尋求專業建議與協助，這是做決定的第一步。有了足夠的理解就能開始分析狀況，釐清決策後的各種可能和後果，當事情愈明朗和清晰，答案自然容易浮現在眼前。

在集團中，我要做的決策多不勝數，不見得樣樣精通。但我有專業團隊和優秀夥伴可以諮詢：法律問題有法務長、財務問題有財務長、人事有人資長，生意課題也能和旗下各公司執行長或總經理們商量對策，大家都能從專業角度提供意見，提升決策品質。

「懂得找對的人求救，也能問對問題」是我猶豫無法決策時的法寶。我常跟夥伴們分享，不要害怕提出疑問，當我們真心想解決問題，大家都會願意伸出援手。

無知讓一切變得可怕，也難以判斷是非，
當我們有足夠知識與理解後，決策就相對容易。

Chapter 4

情繫伴侶

看見愛情，也懂得製造幸福

敢愛也能放下，才能活出自己；戀愛悸動、分合試煉，為的是找到能夠一起前往幸福的伴侶；「幸福感」與「安全感」是營造美滿婚姻的兩根支柱。

「維繫幸福婚姻，最重要也最難做到的一件事，不是找到最理想的另一半，而是懂得好好經營自己選擇的婚姻。」哈佛大學最受歡迎課程《幸福學》的心理學教授塔爾．班夏哈（Tal Ben-Shahar）指出：「幸福的方法不是改變現狀，而是改變自己的態度，只要掌握了與伴侶相處之道，就掌握了製造幸福的力量。」

當你決定與另一人攜手，不論是戀愛中的情感互動，或是婚姻裡的伴侶關係，「幸福感」與「安全感」的強弱，決定了這段關係能否維繫下去。幸福感指的是關係中的快樂指數，覺得自己被愛、被關注；而安全感則是生活不用愁，不擔心被背叛，更不必提心吊膽過日子。

一段關係的價值，不在於熾烈或平實，而是能否讓彼此得到安定和快樂。

01 享受愛情，也能失去愛情

別執著或糾結在人生的過客。

年輕時的我，對浪漫愛情有所期待，卻沒有過多不切實際的憧憬，也不認為愛情的結局就必然是結婚。人一旦付出真切感情，當然希望長長久久，然而緣分天注定，再怎麼努力，總會遇見無法繼續的姻緣，失戀時，難過不捨是人之常情，但傷心到尋死覓活，大可不必。

戀愛之於我，是交朋友的一種延伸，因為喜歡這個人的品德、價值觀、個性或才華，讓我心生嚮往與愛慕。一旦戀愛，就會真心對待並用心經營，我在意的是「這個人值不值得交往與付出」。如果值得，我會用心為彼此創造甜蜜與幸福的體驗。然而，一旦我認為不再值得，絕不會浪費寶貴的時間彼此折磨。

戀愛時，無論處於甜蜜或低潮，我訓練自己先把該做的事做完做好，不讓自己為戀愛荒廢學業或工作。有朋友說這太過理性，其實那是種自我保護，唯有如此，才能避免過度沉溺於一個人或一件事，忘了生命中還有許多值得在意和照料的重要事物。

和男友發生爭吵，很多人會去找閨蜜訴苦，或一個人躲起來傷心，學生時期的我會立刻收拾課本，背起包包到圖書館，把該做的功課一口氣做完，把該唸的書認真複習完。我心裡知道，吵完架通常只會有兩種結果，一是，幾個小時後彼此都氣消了，經過溝通和解，兩人和好如初，屆時我不只完成了該做的事，還可以輕鬆和男友看場電影、吃頓大餐，修補吵架時的不愉快。

當然，也可能是另一個結局，決定分手，那代表我們緣分已盡，若對方只是生命中的過客，又何須為了他死去活來。分手該做的是感謝他過去的陪伴和照顧，好聚好散，帶著祝福他的心意繼續我的人生。

看似理性的決斷力，是因為我不想陷在無謂的情緒裡，做出愚蠢的事。如果情緒可以解決問題倒也無妨，但往往只是干擾，沒有建設性更於事無補，因此我刻意轉移注意力，聚焦於當下該做的事，讓自己在理智的狀態中做正確判斷，好好解決問題。

處理感情問題時，記得別讓自己失控，因為那只會製造更多不必要的麻煩。人都有趨吉避凶的本能，如果總是習慣以抓狂、大鬧、耍任性來表達情感或需求，只會讓愛人速速逃離。死纏爛打是浪費人生也糟蹋自己的不智選擇，最高端的分手智慧，是讓對方只記得你的美好，理性決斷，會營造出令人懷念的緣分，而不是不堪回首的恐怖回憶。人無法預測或改變老天爺對姻緣的安排，但我們絕對可以選擇在愛情裡的優雅姿態。

我曾開導過一名年輕女孩，那時她的男友移情別戀，情緒崩潰來尋求慰藉，她捨不得也放不下這段感情，做了很多蠢事，讓自己變得悲慘又難堪。

聽完她的故事，我直言告訴她，這場愛情戲裡的女主角已經換人演了，與其在台上硬撐著，想為自己再找回女一的角色，或再扮演什麼「咖」，還不如把位置大方讓出，從容鞠躬謝幕。比起苟延殘喘在這場戲裡與對方廝殺，或劍拔弩張弄得身心俱疲、狼狽不堪，還不如有志氣漂亮轉身，再尋找下一個屬於自己的舞台。

下台後你會發現，世界不只有這齣愛情戲在上演，這個舞台沒有你的角色，說不定有另一個更適合你的舞台。及早面對現實，告別怨天尤人，才能看到另一個更棒、更適合自己的劇本，再次華麗登場。

相愛容易分手難，分手往往考驗當事人的智慧與修養。在感情中「放手」，是決斷力的重要學習。很多人在愛情裡不懂得放手，爭執、怨懟、衝突，讓不健康的伴侶關係影響生活及思緒，陷入混亂迷惘、不可自拔，甚至誤以為離開了誰，自己就難以存活，或對方沒有自己也無法生存。**不放過別人，其實只是不放過自己。**

當不了情人，也不需要成為仇人，更不要變成讓旁人看笑話的丑角或悲劇女主角；戀愛或婚姻關係，只要不是因為劈腿、欺騙或暴力傷害，那麼分手只不過是沒有緣分。不適合做情人，彼此還是可以互相感謝、給予祝福，甚至成為朋友。換個角度想，這不是分離，而是找到更適合自己扮演的角色。

身陷情感困境時，不妨冷靜想想：這世上有許多為情所困的人，但實際上只有極少比例會因為伴侶的離開，而無法繼續活下去。有了這個認知，當該「決斷」的時候來臨，我們會發現那個無法當機立斷的自己，其實只不過是需要一點時間接受和面對現實罷了。

好好活著，
才是善待自己、創造幸福的真道理。

02

把「家庭」當企業經營

愛、紀律、溝通，是維繫婚姻的三關鍵。

姻緣天注定，冥冥中老天爺自有安排。我在二十六歲結婚，相較於同輩朋友，較早踏入婚姻。

先生大我五歲，交往一個月後就求婚，那時我只有二十五歲，工作還在起步階段，其實不想那麼早結婚，因此拒絕。他沒有放棄，連續三個月不間斷地求婚，第三次求婚時，我心裡開始有點動搖，「真的不接受嗎？」

我問自己，其實我很喜歡這個男生，相戀是因為被他的人品和特質所吸引，他努力、負責、有理想，如果只是因為不想太早結婚而再次拒絕，也許就會緣盡於此，但我不想錯過這個人，幾經考慮後我答應了他的求婚。雖然知道這是場人生中最大的賭局，仍放手一搏。

「婚姻像個圍城，外面的人想衝進去，裡面的人想逃出來。」許多人都對錢鍾書這本諷刺小說《圍城》裡的一段話印象深刻，我也曾是那個在門口徘徊的人。

當時的觀察或猶豫，是為了確認他與我是否有一致的價值觀與理想。兩人若只是相愛，對人生目標沒有共識，看法與個性南轅北轍，婚姻不會幸福。因為這些差異將展現在婚後各種大小決定上，造成婚姻裡無數的爭吵，落得兩敗俱傷。

婚姻要能永續經營的首部曲，

是雙方知道彼此是家庭（企業）合夥人，

在踏入婚姻前，設定好可遵守與願意一起努力達成的「家庭發展藍圖」。

家庭藍圖中有屬於這個家庭的願景、價值觀，以及如何落實的做法。我相信，夫妻間有足夠且坦誠的溝通，對家的未來與婚後的相處有一致的共識，婚姻才能走得平穩長久。

其實這和經營企業相似，成功的企業都有它獨特的大理想、企業文化和經營策略，合夥人一旦有共識才能築夢踏實。**經營家庭也該有紀律，而不是單憑感覺走。**當然計畫永遠趕不上變化，愈是如此，就愈需要有所規劃，才不至於在問題發生時方寸大亂，做錯決定。

我和先生婚前期望建立一個充滿尊重、愛和安全感的家，因此，我支持他為了夢想創業，他尊重我對行銷傳播業的投入，兩個人一起努力工作提升家中的經濟條件，也持續優化我們的生活品質；我們一起用心教養孩子和孝順雙方父母，落實對家庭價值觀的重視。遇上不如意時，也漸漸學會包容及原諒，這些都讓我們逐步實踐當初約定的家庭願景。

愛是營造幸福家庭的根本，日常生活的經營，則是婚姻能長久的配方。我們刻意安排能讓家人感到幸福的家庭聚會、旅行、結婚紀念日、生日慶祝和各種能創造美好回憶的節日活動。二〇二〇年，先生為了慶祝結婚二十週年，特別安排拍攝全家福照片，用影像記錄也提醒我們倆二十年相伴的可貴。

東方人通常比較含蓄，不容易把愛說出口，也有人會以為，能賺錢養家或是照顧好孩子，就是履行對家的愛與承諾，對方自然能心領神會。事實是，**關係的維護需要說出來也需要付出行動，老夫老妻的相處態度，容易潛藏危機。**

夫妻間如果能適時也時常發出愛的訊號，
讓伴侶知道你對他的在乎與愛慕，
婚姻中的愛情存款就會不斷增加，困難也容易解決。

這如同在銀行儲蓄般，在日常中一筆筆存入幸福感和安全感，一旦遇到挫折，也比較容易彼此諒解，在傷痛中盡快復原。

維繫婚姻和經營家庭是條漫長的旅程，有「一起經營」的布局和決心，才能每一步都走得不迷惘。

03 女強人vs.能幹的女人

放下強勢，把「能力」發揮在婚姻與家庭的經營。

我選擇成為專業經理人，長期待在同一個產業中發展，先生則踏上需要大膽冒險的創業之路。我們做了不同的職涯決定與事業規劃，也因此有不同的際遇和人生歷練。先生白手起家，凡事親力親為，從無到有開創夢想中的事業。創業期間要面臨和克服的困難，遠比在一家穩當的大公司上班要艱難許多。

在創業初期，我感覺得到先生心裡的不安，那是因為他的自我要求與想成功的渴望。他的夢想是將航太工業用的特殊碳纖維材料，研發設計成獨具品味的生活用品，創造讓臺灣人驕傲的世界品牌。他有強大的熱情和理想，也願意承擔創業的莫大壓力，難能可貴，我佩服他為了夢想全力以赴的堅持。

身為創業者的妻子，我照顧好家庭，也有一份安定的工作，讓他無後顧之憂地闖天下拚事業，是我對他的祝福與鼓勵。

身為女性高階經理人，媒體採訪常有這一題：「妳如何做到家庭與事業平衡？」有人問得更直接：「面對事業有成的太太，先生會不會有壓力？」

我們夫妻各有想追求的夢想，不會以頭銜或名片來評估一個人的能力與成就。正因為肯定彼此在工作上的投入，當另一半受到肯定或有所成就時，我們真心為彼此喝采。先生對我的工作表現感到驕傲，而先生的努力、勇氣和能力也贏得我對他的尊敬。

當別人問到如何與一個女強人太太相處，先生總是這麼說：「我太太不是女強人，她是能幹的女人。」

女強人是強勢到底不知變通，不管在職場或家裡，都扮演老闆或強者的角色，習慣用指揮或強硬的態度與伴侶或家人相處，婚姻當然容易失敗。能幹的女人則知道，女性的「強」是展現強韌精神，面對逆境與挑戰，不服輸不抱怨，在不同場域能屈能伸，扮演不同角色從容得體，而不是態度強悍，要把別人比下去。

我知道自己控制欲強、辯才無礙，回家後，我會刻意轉變姿態身段和先生相處。另一半不是我的部屬，我們是相互扶持的隊友，互相尊重也互相照顧。

記得結婚剛滿週年時，先生問我，婚後有何心得？忙於工作的我，一時沒有察覺他的用意：「沒有太大的改變，只是換張床睡覺。」他淡淡提醒我，婚後我把百分之七十的時間給了工作，其餘百分之三十給了娘家和婆家，他其實想說，我們應該要有更多時間經營家庭和婚姻關係。

先生並沒有責怪的意味，但我讀到了他的表態與期待，為此，我改變了原來二十四小時工作待命的習慣，回家後先將公事放一邊，專心陪伴家人，晚上十一點後將手機關機，我們倆相處的時間開始重質也重量。

我不否認自己是個能幹的女人，我把能力發揮在懂得應對進退，管理好我的工作，照顧好娘家、婆家和孩子，也協助先生一起解決問題，經營我們珍惜的人際關係。

家是兩個人共同的責任，沒有誰一定要做什麼，也沒有所謂的公平，不計較也不設限但能共同擔當是我們的經營之道。我提醒自己，工作事業能順遂，別忘了感謝伴侶和家人的支持。先生以我為榮，不時激勵我更勇敢，嘗試更大的挑戰，站上更大的舞台，為此我衷心感激。

美國前第一夫人蜜雪兒・歐巴馬（Michelle Obama），在接受脫口秀主持人歐普拉採訪時曾表示：「婚姻必須是一段真誠的夥伴關係。你必須真的喜歡、尊敬對方，因為這不是一條容易的路。婚姻總是起起伏伏，但只要到最後，你還能夠望著對方的雙眼，對他說出我愛你，那就足夠了。」這段話我也深刻領悟。

我們學著發現與關心對方的需要，在彼此眼中看見相互的欣賞。

Netflix於二〇一九年推出的電影《婚姻故事》，上映後頗受好評。女星史嘉蕾．喬韓森（Scarlett Johansson）扮演的女主角妮可，本是耀眼的劇場演員，為了婚姻放棄事業，先生卻在外意氣風發，日子久了，兩人職涯的落差讓彼此漸行漸遠，女主角發現她慢慢失去存在感，過去強大的自我變得愈來愈渺小。「我發現我從來沒為自己活過，我一直只為他而活。」從相愛到分手，電影並沒有否定婚姻的意義，反而提醒我們，夫妻必須共同成長。

既然決定走入家庭，就要正視它的重要性，無論是男人還是女人，都需要另一半的關心和疼愛，期待對方能尊重自己、為家庭付出。

婚姻如同天平，不能過輕或過重，任何一方過於強勢或過於弱小，對婚姻來說都不健康。

在現代社會中，女性有能力也有機會與男性在許多場域中並駕齊驅，但我也發現，很多時候，或許是過往受到兩性不平等的影響，新時代女性為了展現能力，往往刻意把自己形塑成權威有魄力的形象，忘記了女性該保有的柔軟特質與優勢，總想要控制主導，反而造成關係的緊張。

婚姻關係中我學會理直氣和，避免得理不饒人。女性職場上的專業訓練，其實是經營婚姻很好的助力，因為它幫助釐清也能解決問題；帶領團隊的經驗，幫助女性懂得變換不同的視角，同理對方的需求，分工又協作創造更大的成果，這都能讓婚姻關係變得健康清爽些。

我總是鼓勵女性不要輕易放棄工作，在職場中因為競爭與挑戰，人會被迫不斷學習與成長；工作的經濟收入，更提供了生活的基本保障與安全感。**唯有能自我認同，才有能力引導婚姻關係的平衡。**

隨著社會的開放和演進，產生各色各樣的婚姻問題，有人遭逢外遇打擊，有人在家庭價值觀和文化差異之間兩難，有人受迫財務壓力而飽受折磨，也有人在看透關係裡沒有愛後，還是想竭力守住不知為何而戰的婚姻，在執念中受苦。當面對困境時，問問自己要的是什麼？值不值得？

情感關係裡的決策智慧，一定要留意「妥協」不要變成「犧牲」，更不該扭曲或扼殺自我。

有些人願意隱忍丈夫的風流，因為她需要經濟依靠或輸不起面子；有些人則為了孩子的幸福選擇忍耐。一段婚姻關係中如果只剩一方在努力守護或犧牲，對方卻毫無反應，甚至變本加厲，我會建議，對不值得的人別留戀，放手吧！**因為人生很短，讓自己活得快樂、自在，以及沒有遺憾，真的很重要。**

04
人生可以不是單選題

對於想望，要做的不只是「取捨」，
而是誠實面對自己與積極累積實力，讓想追求的「盡可能全拿」。

傳統思維裡，已婚女性如果不以家庭優先，就不是好媽媽、好太太，社會價值觀引導女性先做好「女人」的角色，才進一步思考她身為「人」的意義。但我認為應該相反，所有人（不論性別）都該先思考作為一個「人」的渴望與存在意義，才能為自己、家庭和社會創造最大價值。

人生中需要關注、想要追求的重要項目，就像玩抛球遊戲的人手上，各種大小不一的「球」，這些球可以是工作、婚姻、家庭、孩子、朋友、興趣或夢想等。知道自己要什麼也有能力的人，多半能想方設法，技巧地一次把玩多顆能讓自己得到快樂與成就感的球。

在人生不同的階段本就有不同的重心，年輕拚事業時，「工作」這顆球會大一點、重一些，結婚後，「家庭和孩子」的責任則會增加許多，這時我們可能會不得不將其他球捨棄，只專注在有負擔和需要照顧的那一兩顆球。

不論是工作、婚姻，或是孩子，如果長時間只顧著一顆球，也就是把人生投資在同一個標的上，一旦這顆球發生意外破損掉落，人生往往也隨之崩解。

對於人生的想望，要做的不是「取捨」，
而是誠實面對自己與積極累積實力，
讓想得到的「盡可能多拿或全拿」。

我們常聽到的職場女性困擾是「我該選工作還是家庭？」這其實是個陷阱題，為什麼已婚女性只能在工作和家庭間二選一？選擇題的設定讓人容易從選項裡擇一，如果不是選擇題而是開放式問題，那麼答題者的思考和答案馬上不同。**因此在做決定前，最重要的是先釐清並設定正確的題目，再認真思考該如何決策。**

工作和家庭的選擇，取決於志向和對現實的衡量，凡事難免都有限制，但志向清楚和內心強大的人，終究會不甘於犧牲，而找到方法突破重圍。我的態度是「人生，我選擇以上皆是」，只要是我想要的，我都努力追求，不輕易放棄或犧牲，如此才能得到真正的喜悅和成就。

根據我的經驗，女人一生中改變最大的時刻，不是結婚，而是有了孩子。年輕時，因為工作忙碌又覺得世界混亂，並不特別想要有孩子，但因為父母和先生的殷殷期盼，才被說服決定成為母親。以往在工作上，只要努力就能得到一定的成績，生兒育女卻要看天意，我們夫妻倆經過四年的努力，幾經波折，我才終於懷孕生下寶貝兒子。

成為母親後，我和所有職業婦女一樣，身兼多種身分，每個角色都希望能稱職演出，但礙於種種現實與壓力，總是心有餘而力不足，覺得自己做得不夠好，深感挫折和愧疚。

當時，身為業務協理的我，正是最受客戶信賴、凡事都要親上火線的衝刺期，加上個性使然，一旦投入工作，就難有多餘的心力好好兼顧新手媽媽的身分。苦撐半年，徬徨是否要放棄工作全心照顧孩子，我問自己，寶貝兒子得來不易，對我的重要性無庸置疑，但為了他放棄熱愛的工作、犧牲學習成長和追求夢想的機會，我會快樂嗎？如果不快樂、有遺憾，就算時刻陪在孩子身邊，我會是個好媽媽嗎？

幾經思索，我領悟到，如果我沒有先成為一個快樂的個體，便無法成為能創造正能量和充滿愛的母親與妻子。因此，當時我將這項人生課題修改為：「我要如何做，才能照顧好孩子又繼續從事熱愛的工作？」把最初二選一的選擇題，調整為開放回答的申論題，朝不同方向思考作答。

為了能善盡母親的責任，又追求工作的突破，我做了兩個決定：一是把孩子先交給婆婆照顧兩年，暫時當個週末媽媽，兩年內全力衝刺事業；在此同時，我下定決心有計畫地培養能跟資深客戶應對和領導團隊的接班人，訓練自己在兩年後成為能力更強、更有高度和視野的領導者，並減低第一線執行的工作量，才能有時間陪伴孩子。

我主動和大老闆懇談，尋求理解與協助，這位外籍總經理笑著說：「我本來有點擔心，一般女性員工生完孩子找老闆談，大部分不是準備離職，就是要求減少工作量能回家帶孩子，沒想到妳提出的是接班人計畫。」兩年後，我不但如期達成在工作上設定的目標，團隊茁壯，還幸運獲得升遷，順利把兒子接回家自己照顧。

我一直相信，**女性做得到，也必須走出一條能自我成長的路，過程中，放棄的念頭肯定會出現，但千萬不要讓它們阻斷了內心真正的想望。**

雖然職業婦女能支配的時間有限，但在孩子成長過程中，我把握每個可以與他相處的機會，並營造有品質的互動。在他小時候，每晚睡前說故事，送他上學或週末的陪伴，都是母子交流的美好時光。隨著他日漸長大，即使青少年的心情捉摸不定，我總會利用各種機會、每天的訊息，讓他知道我的關心和在乎。我不是個一百分的媽媽，但希望給予他百分百的愛和支持！

再次提醒，當我們面對問題時，尤其是別人設定的問題，千萬不要拿到考卷就低頭作答，先誠實面對自己，重新定義正確的題目，才能幫助我們做出更好的決定。

05

經濟與思考獨立，才能換得決策自由

在經濟與思考上獨立，才能無懼地做出抉擇。

女性成為妻子、母親後，有人選擇放棄工作，埋沒才華和夢想；有人因為和社會脫節，逐漸失去生存和思考的能力。

女性在經濟與思考上都獨立，才能享受決策自由。沒有經濟能力依附別人生活，就只能受制於人；無法跟上社會脈動，失去學習與判斷力，則會失去安全感與自信心，難以果決或正確判斷；如此一來，便很難和另一半經營出對等和諧的婚姻關係。

記得小學時，父親帶我去朋友家作客，大家聊得正盡興，叔叔的太太過來開口要孩子的學費和家用，叔叔馬上板起臉來：「前幾天不是才剛拿過錢？」太太只能畏縮恐懼，解釋錢用完的原因，以及「新申請」的錢要用在哪裡。結果叔叔當著我們的面，把一疊千元大鈔丟在地上給太太，那個鈔票撒滿地的畫面，至今我仍記憶深刻且無法忘懷。

我和父親十分震驚，但礙於在別人家裡不好表現出來。父親牽著我走在回家的路上時，語重心長地說：「心慧，無論妳長大後嫁給誰，千萬要記住，一定要有賺錢養活自己的能力，不要輕易向丈夫或別人伸手要錢，別過沒有尊嚴的日子。」父親的叮囑，烙印我心。

女人的經濟能力，並非指財富滿盈，而是在沒有誰可以依靠時，還能衣食無虞，過有安全感和有品質的生活。經濟能力可以保障一個人的自尊和自由，有些人買包包、鞋子，要隱瞞或欺騙另一半，說是別人送的禮物或是多年前買的舊物，謊言揭穿時，還要繼續瞎扯這些東西很便宜。只因為花的不是自己賺的錢，連適度的享樂都不敢大方承認，這樣不是活得很委屈嗎？

讓自己開心沒有不對，如果吃一頓高檔料理，可以重新燃起能量繼續戰鬥，有何不可？如果買一個喜歡的包包，足以慰勞工作的辛勞，何樂而不為？重點不是吃什麼、買什麼，而是我們能夠選擇和追求讓自己快樂的方法，無須顧忌他人的看法。有經濟能力，才能讓我們更無懼地做出抉擇。

然而，經濟基礎只是確保了生存條件，如果沒有思考力、心智不強大，徒有財富成就，也只會像搖著一個裝了幾顆彈珠的空罐子，聽起來嘩啦嘩啦熱鬧，內在卻是一片寂寥。

無法獨立思考的人，害怕與群體意見不一致，容易人云亦云，違心做出與真實意願相反的事。我鼓勵自己不斷探索、驗證並勇敢表達觀點與付出行動，自信心和生存能力才能隨之提升。對世界和自我抱持好奇心，不斷學習思考，才能為自己做對決定。

失去生存力和思考力，通常是因為生活過度依附他人，舉例，我先生是個很有方向感的開車好手，婚後因為過度依賴他，我慢慢變成一個路癡。他開車時我坐在旁邊，眼睛雖然睜著，大腦卻從來沒有運作也沒在認路，久而久之，對道路完全沒有概念，這就是一種失能。假設我有個欠缺方向感的先生，坐在他身邊的我，基於生存的本能得學習認路，說不定我還能成為人腦導航系統呢！

依賴會讓人失能，也浪費了才能。

06 別拿伴侶的家庭作業來寫

辨別自己的角色與責任，
定位清楚，守住底線。

我們可以選擇相愛的對象，而對方的家庭，則是決定互許終身後要面對和經營的環境。婚後會和不同背景和個性的人成為姻親，婆媳姑嫂的互動，都考驗著人際智慧。

婚姻是兩個世界的結合，適應不同家庭文化、找到應對方法都不容易。很多不和睦的故事，其實核心關鍵都是因為當事人（尤其是媳婦）與公婆或姻親相處時，抱持著錯誤的認知與期待。姻親本不是真正的親子或手足，所以不該不切實際的幻想，對方家庭會如同自己父母或家人一般疼愛或包容，當然也不需要戰戰兢兢或過分付出以換取肯定。

經營姻親關係，就如我們平常待人處事一樣。**認清自己的角色與責任，盡可盡之力，不為了誰過於勉強，才能避免在相處中因為失望而導致關係失衡。**我們真誠對待姻親、孝順公婆，並謹守該有的禮節。但萬一遇到無法承受忍耐的情況，即使對方是公婆是親戚，也要以智慧依循本心，學會劃出界線，守住底線。

這世上沒有什麼是該一個人概括承受的，每個人都有選擇的自由，而自由是自己去爭取和創造的。

相對地，姻親關係中的尊重也需要靠自己去贏得，一個值得別人學習、景仰或喜愛的人自然容易得到禮遇。不論身為公婆、姑嫂、媳婦或是妯娌，檢討自己的態度和行為，就不難理解能或不能贏得他人尊重的理由。

「合則來，不合則相敬如賓」是我經營姻親關係的原則，相處愉快或有所學習的姻親，我熱情也用心對待，而無法認同的對象我則僅止於禮。如此，即便在無法改變的姻親關係中，讓人賞心悅目的人事物就會遠多過不舒服的互動，心情自然輕鬆也愉快，姻親關係也更健康與美妙。

我是女人，因此我會反思什麼樣的媳婦才是好媳婦？許多臺灣家庭裡一旦公婆生病，家人對媳婦的傳統期望就會出現，許多人們眼中傳統的好媳婦，理所當然地要代替先生孝順公婆，親力親為照顧公婆三餐、就醫、生活作息等。

我常想，如果不是甘願受、歡喜做，沒有發自內心的情願，其實不用勉強。並不是因為這些事困難、或現代的媳婦不該做，而是這屬於孝順父母的責任歸屬。**我認為每個人都有自己的家庭作業，照顧公婆嚴格說來，是屬於另一半與其手足們的功課，不是媳婦的工作**。孝順父母除了是子女的責任，更是子女報答父母養育之恩的心意，當父母年邁或生病，當然該是其子女盡孝道、貼身照料。身為媳婦的女人們，即便出嫁後，也該繼續孝順自己的父母。

當先生照料其父母，或者他的原生家庭需要幫助時，媳婦要能以同理心溫暖支持，多所體諒。舉例來說，我曾有個朋友在公婆病重時，其先生為了祈求奇蹟，什麼事都嘗試，一會兒去宮廟處理冤親債主，一會兒買十幾萬的水晶祈福，在這種生死交關或無助心痛的時刻，媳婦該試著感同身受，體諒另一半的茫然失措，靜靜陪伴也給予安定的力量。

任何關係都一樣，只承諾自己能負擔也願意付出的，不做不必要的讓步，不美其名為愛犧牲而造成未來的怨懟。

當人際關係的定位清楚，就不會因為過於理想化的期待而失落挫折，說與不說的分際、做與不做的界線自然清晰明朗。

07

婆媳關係是愛的延伸，不是義務

真心相待，不委曲求全，婆媳間也能彼此疼惜。

剛結婚時，道理上理解結婚是兩個家庭的結合，老實說，當時還沒有真正領悟其箇中困難。特別是婆媳關係往往是許多人婚姻之路幸福與否的考驗。

婆婆的成長背景與個性和我截然不同，一開始，作風較為傳統的婆婆與婆家，帶給我很大的文化衝擊。婆婆喜歡用料理傳遞愛，看到寶貝孫子吃東西，對她來說是世上最幸福的事，在我家天天上演的婆孫餵食秀，大概也常發生在其他家庭裡吧！但我的觀念是，孩子肚子餓，自然就會乖乖吃飯，不用刻意強迫餵食，也不該放任孩子吃過多的食物。

有一回，我在餐桌上阻止體重過重的兒子添第二碗飯，婆婆因此傷心落淚，並且憤而離席，場面十分尷尬。我理解她疼愛孫子的心意，對許多長輩來說，讓孩子吃飽就是愛。我沒有因此覺得不悅，當然也沒有因為她的落淚而感到愧疚。最後，我用幽默化解這齣家庭鬧劇。

我半哄半騙地把生氣的婆婆牽回餐桌吃飯，逗趣卻又嚴肅地告訴她，雖然當年婆婆沒有親眼看到我在美國生下這個兒子，但他千真萬確是我親生的，天下沒有一個親生媽媽會故意餓壞或虐待孩子，我不讓孩子多吃，是因為希望婆婆的寶貝孫子能健康長大，才能陪伴在奶奶身邊長長久久，婆婆聽了破涕為笑，暫時接受孫子少吃一碗飯。這是我和婆婆接受了彼此的差異，才會上演的溫馨劇情，而不是婆媳對決的鄉土劇。

改變老人家的觀念比登天還難，轉換自己的想法和態度相對容易。我盡力在平日裡建立信任基礎，在關鍵時刻才能適時溝通，婆媳間的良性互動和關係的改變才會發生。

人與人之間如果沒有足夠時間真心相處，便無法真正了解對方，沒有充分的理解，便無法建立信任，婆媳關係亦然。很多事不是一時半刻就能接受或改變，我們透過溝通和相處認識彼此，而我也愈發感受她的善良直率。

婚後，我盡可能陪伴婆婆聊天談心，透過對話，我了解她的過去及想法，理解她希望被對待的方式與期待。當然，我也透過分享，讓她知道我的性格、偏好和看法。我們不用完全認同彼此，但起碼互相了解。如此，我們找到了屬於彼此間和樂相處的方式，也懂得欣賞對方。

常常飛行出差的我，有個習慣，只要飛機落地臺灣，我就會打電話給父母和公婆報平安，聽聽他們的聲音，關心他們是否一切都好。多年前，有回出差四天，才剛抵達機場，電話那頭婆婆用虛弱的聲音說肚子痛，一問之下，竟然已經不舒服三天了，我連忙趕到婆婆家帶她就醫，狀況超乎預料地嚴重，必須緊急住院治療。剛下飛機就遇到這段意外的插曲，讓我擔憂不已。

在醫院，我對著躺在病床上的婆婆說：「媽，妳要記得，不舒服應該立刻通知身邊的家人，千萬不能等到有人打電話問候時才說啊！」結果婆婆回我：「我想妳比較知道哪個醫生好，就等妳回來再跟妳說。」雖然知道婆婆信任我，但我還是提醒她，身體要緊，不能延誤就醫時間讓自己受苦。

婆媳間願意互相了解，就有機會進展到彼此認同。不論兩人有多大的差異，願意接受就不那麼難受。

我和婆婆雖不是親母女，感情卻與日俱增，在互動的過程中，除了我日漸成熟，也看到婆婆的蛻變。這種關係不是親子，也不是世俗觀念裡的婆媳，它純粹是一種彼此喜歡也彼此珍惜的真切關係。

我愛她，不因為她是婆婆，而是因為她是個值得被愛護和疼惜的人。

和婆家的相處在逢年過節時，更考驗媳婦的智慧與意志，很多已婚女性都有年節症候群，除夕要不要煮年夜飯？過年只能待在婆家？哪時候才能回娘家？對我來說，兼顧婆家與娘家，就像在工作與家庭間找到平衡一樣，每個人的條件和限制都不相同，但總有聰明的變通方法。

結婚前，我就和先生協議，我之所以不定居在國外，是為了要照顧和孝順父母，因此我不希望重大節日都因為在婆家而冷落娘家的家人，但我也明白夫家的重要，為了尊重傳統也成全我和先生都想照顧各自家人的心意，自結婚後，過年、除夕、端午、中秋等重要節日，我們不回娘家也不去婆家，而是在我們家下廚設宴，邀請兩家人一起過節相聚。

年輕時，有些人聽到我這麼做十分驚訝，一是沒有聽過這樣異於傳統的做法，二是覺得職業婦女要準備兩大家人的菜餚很辛苦，但這是我依照自己的情況與能力所想出來的辦法。為珍愛的家人煮一桌豐盛菜餚，讓兩家人都團聚，是個兩全其美、幸福開心的變通方法，多些人一起過年過節，讓家更熱鬧也更添溫暖。

這些年，由於愉快的互動和特意安排的家族聚會與旅行，建立了我的父母與公婆間的好情誼。公公過世後，父親過年還會特意包紅包給婆婆，這個心意是希望婆婆知道她並不孤單，因為她和我們是一家人。

過去這二十年，我沒有遺憾地兼顧孝順爸媽和公婆，更難能可貴的是，公婆與爸媽成為像好友般的親家，也讓我避免了親家失和這種令人棘手的婚姻問題。

不委曲求全，不對現實輕易妥協，才有機會找到兩全的方法，兼顧摯愛的家人。或許是因為長年在創意產業工作，我從不認為答案與解法只有一個，**很多事不是理所當然，不要害怕表達心聲，要讓大家聽見渴望、看到堅持，然後做出聰明的溝通和決定。**

QA

相愛容易相處難，婚姻如何才能細水長流？

有效溝通，別把不悅的事情累積在心裡。懂得抓大放小，學習包容不完美，便能拆除破壞婚姻的不定時炸彈。

夫妻有共同的目標和價值觀，對家的未來有共識，相處才會容易，問題自然容易解決，關係也能更加和諧。

「好好溝通」是相處最重要的一環，不論再怎麼相愛，因為不理解彼此的期待或委屈，一再做出讓對方失望的行為，或是在爭執時說出傷害彼此的言語，都會讓夫妻關係漸漸失溫。

二十年前，在美國舉行婚禮時，牧師在儀式後給了我們一張婚姻守則，回到臺灣後，我們將這張婚姻守則貼在家裡入口的玄關，每天回家都會看到，這些文字潛移默化在我們的婚姻中發酵。

婚姻守則第一條：「除非房子失火了，否則永遠不要對彼此大吼大叫。」這個提醒對我們夫妻倆相當受用，直到現在，即使意見不合，我們也會好好說話，不讓情緒化的舉動或語言，在原本已經分歧的意見上增添多餘傷害。吵架時，難免會想在氣勢上壓過對方，口無遮攔說些違心之論，我訓練自己再怎麼氣憤，若是沒意義的話就克制不說。

如果當下的負面情緒太高昂，不妨暫時離開現場，等到冷靜下來再好好對談。溝通能力是我在行銷傳播產業學到的重要技能，溝通，是為了傳遞正確訊息，並達成想要的結果，**如果說出來的話，因為情緒讓訊息扭曲或接收者無法接納，那就是個無效的溝通，不如不要溝通。**

生氣時的溝通其實是談判，我們通常期望對方說出我們想要聽到的話，或是希望對方道歉。談判最不該犯的錯誤就是自亂陣腳，一旦抓狂就無法清楚地表達，更無法成功誘導對方說出我們想聽到的內容。

婚後我和先生約定，不用語言傷害彼此，而且必須誠實以待。「願意溝通」與「有效溝通」一樣重要，我們不把不悅的事情放心裡，提醒彼此不要讓不開心最終累積成災難。

當然，並不是約定好，我們就能完全做到，有時候心裡沒惡意，只是一時沒耐性，還是把急躁表現出來，讓另一半覺得不舒服。當發生這類情形，除了懂得道歉，也要有技巧地提醒彼此改進。

若遇上了嚴重的爭執，我們多半先暫緩對話，用兩三天的時間沉澱，透過忙碌的工作讓自己放下激動的情緒，只留下待解決的問題，然後將不悅和理由寫在信紙、電子郵件或通訊軟體裡，或是當面好好談。

慶幸的是，先生是個聰明也珍惜婚姻的人，通常我們只要能把問題說出來，就能進一步釐清，找出誤會或癥結點，然後一起面對及解決。有時根本無關對錯，只要找到兩人都能接受的台階下即可。

另外，婚姻需要經營，盡量為婚姻創造記憶點，設計驚喜和美好回憶。**一成不變無法讓婚姻持久，人都需要感動，需要興奮感，需要得到安慰和肯定。**

二十年前，我和先生選擇成為人生伴侶，二十年後，我們繼續選擇珍惜婚姻，不受外在的誘惑，不被挫折打敗。除了愛，還有想負起責任履行對家的承諾。責任、底線與原則，是一體三面。我盡力經營所選擇的婚姻，但也告誡自己，如果無法接受的壞事真的發生，放開手也可以互相祝福。

對於婚姻，我有嚴守的界線，但並不執著於死板的道德觀。我相信，人會因為一時的新鮮、慾望而出軌，我也相信，人確實可能在結婚後才找到真愛。沒有人能接受被欺瞞背叛的痛苦，如果對方被誘惑了，那就代表原本的婚姻已經有破洞或裂痕，如果無法真正原諒或無心修補關係，又何須再糾結。

兩個人如果真得綁在一起才能過下去，

那代表兩個人各自都沒有能力讓自己過得更好。

我們都會在婚姻裡經歷許多磨難和考驗，除了要不時確認對彼此的欣賞和愛慕，訓練自己的心智更禁得起風雨，不糾結於枝微末節的小事外，更重要的是，放下不如意，學習包容不完美的人生，持續正向前進。

Chapter 5

守護家人

適時放手，是最好的祝福

親情是愛的極致，它使我們無所不能，卻也往往讓人執迷不悟。超越界線的付出，只會破壞情感、製造痛苦，理解關係裡的輕與重，學會放手，我們才能好好愛。

曾經有個令人印象深刻的汽車廣告詞：「我是當了爸爸後，才學會當爸爸的。」我也是當了媽媽後，才深深感受到這短短的廣告詞中，承載了父母對子女深沉的愛與不捨，與其中隱含的人生道理。

東方家庭的價值觀和強烈親情，讓許多人為了盡孝或培育孩子，一生辛勤工作全心付出，但也常因太過努力卻得不到想要的結果而沮喪，或導致家人備感壓力痛苦，到頭來是兩輸。凡事過度盡力或超越該有的界線，都會變成執念或癡迷，破壞了家庭與親子和諧關係。

我們應該學習，全心守護家人，
卻也能適時放手，讓愛自由。

01 相信孩子，接受不同

幫助孩子成為強大的個體，而非夢想中的我。

寶貝兒子和我的個性南轅北轍，他與世無爭樂天知命，凡事盡力就好，「Life is good」是他的人生哲學，而他偏偏有我這種拚命三娘般、自我要求甚高的媽媽。我常跟朋友打趣說，我的專業訓練要求我凡事都要有條有理，問題自然迎刃而解，但回到家卻常常拿兒子沒轍。

曾有媒體報導我是個「一百分的媽媽」，事實上在母親的角色上，我自認還有太多無知與需要學習的地方。在孩子成長過程中，我讀了很多有關教養的書，也請教專家和朋友，卻仍常自覺是不夠理想的媽媽；當孩子表現無法符合期待，我會感到無比失落與不安，焦慮未來他在職場上的競爭力；平時因工作忙碌，只能選擇性參與兒子的學校活動，比起全職媽媽對孩子全心的投入和付出，我更是望塵莫及。

我常想，性格截然不同的母子，如何創造美好的親子關係？每當我們意見相左或兒子不願聽從我的建議或安排時，總覺得是老天爺在提醒我：「每個人都是獨立的個體，都有權決定要如何生活，不是所有人都該像我事事要求一百二十分過日子，兒子這般悠然自得，是他的選擇也是種豁達。」

過去，當我偶爾糾結在孩子還不夠努力的擔憂裡，慶幸總有人來提點，孩子終究會長大，身為母親，該學習看到也肯定孩子的優點，選擇相信他。

兒子的閱讀老師就是我的一盞明燈，常常適時提醒，給我鼓勵。他非常專業也願意深入了解學生，更重要的是，他致力於養成學生正確的人生態度及良好品德。老師發現，現今少子化社會上，許多父母過度溺愛和保護，讓孩子忽略了做人處事的基本道理，他認為思想與行為偏差的孩子，長大後難有成就也不會對社會有貢獻，因此極為重視孩子的良善、對人的尊重，與獨立思考能力。他教會我，教育最大的價值不是孩子一時的成績表現多優異，而是啟發孩子思考、發掘潛能、學會尊重、抉擇所愛並勇敢追求。一旦孩子有了想追求的夢想而全力以赴，代表他漸漸成熟了。

為了啟發兒子探索志向，我特意安排他到不同的國家參與不同課程、活動與旅行，藉此接觸不同文化與新事物。一成不變的環境不易誕生新發現，新刺激才有機會產生不同的體悟，因此我和先生鼓勵孩子透過多元的體驗增廣見聞，進而探索自己。

人對新事物、新環境難免擔憂害怕，何況是年幼的孩子。當孩子抗拒新體驗時，我耐心讓他理解這些安排背後的意義、價值與風險管控，當他明白WHY（為什麼），理解到最差也只是不喜歡這次的活動，自然較有勇氣也願意嘗試；兒子從小知道，這些課外活動不是為了成績進步，而是讓他學會認識自己，挖掘興趣與潛能，如此，長大後他才會知道，該如何為自己做出正確的抉擇。

從過去的經驗裡我觀察到，在人生關鍵時刻無法做出正確決斷的人，往往是自我認識不足，這不只讓自己付出代價，也讓身邊的人辛苦。有「自知之明」，是我期待孩子在成長階段就能尋得的生存寶藏。

因為從小的訓練，兒子雖然個性溫和卻相當有原則，不會扭曲自己或人云亦云，敢在同儕甚至大人權威壓力下說真話，表達自己的看法。

小學六年級的暑假，兒子受邀參加一個大型康樂活動，內容無趣卻要耗一整天，許多孩子都想提早離開，但礙於大人們的期待，沒有人敢提出來。那是個半路退席就可能得罪大人，也會承受全場注目壓力的場合，在活動開始兩小時後，我接到兒子的電話，請我帶他回家，因為「不想浪費時間」，他態度大方地向主辦人致意後，就在眾目睽睽下走出會場。回到家後，我肯定他有勇氣挑戰權威，但也提醒他，在人生道路上，適度忍耐與配合的必要與智慧。

因為有個CEO媽媽，兒子從小就學會提案、論述和販賣想法。國三那年，他開始爭取自己規劃暑假活動，從目標設定到活動內容、時間都是自己安排。那年訂定的暑期目標包括：學習新事物、健身減重十公斤、提升籃球技能，以及和遠在美國最要好的朋友相聚。為了執行這些計畫，他規劃了投資理財課程、健身訓練、籃球營，和籌劃一趟與好朋友出國探險的旅行。我還記得，他的提案簡單扼要、切中要點，很具說服力。

在他的提案裡可看出，他懂得用父母的視野和洞察思考，進而「販賣」他的企劃。他知道全天下的爸媽都希望孩子在暑假不要只顧玩樂，所以用學習和個人成長做目標設定，進一步「合理化」真正的偏好和想望。最後，他不只成功爭取到整個暑假都能做他想做的事，開心度過假期，也如期達成所有計畫目標，贏得了我和先生對他的肯定與支持，獲得往後更多的自主權。

教養孩子的過程中，我們習慣用僅有的知識與經驗判斷孩子的表現，或是設定對他們的期待，而忘了孩子其實是不同的個體，也忽略了他們現在所處的世界和我們過去大不相同。

以往，我總是不厭其煩地和兒子分享我的經驗與學習。有次，我又滔滔不絕訴說我的故事和對他的建議，他平靜悠然、語氣堅定地對我說：「媽媽，我不是妳。」他的話敲醒了我，是的，**我的孩子不是我，他是個獨立的生命，我也不該企圖複製或打造另一個更好的我，而是幫助他成為強大的自己。**

想要幫助孩子，必須先真正認識並接受他，當孩子願意說出心裡的想望與看法，身為父母的我們願意傾聽、理解，才會產生有效的溝通。孩子犯錯時，父母特別容易因為憂慮或憤怒而失去理智，無法聆聽他們的心聲或了解事情發生的始末，加上心急時的耳朵關閉或口無遮攔，只會讓對話失焦。特別是年幼的孩子通常無法判辨父母生氣的重點，更不知該如何改善才能達成父母期望，親子關係也因此惡性循環。

只說不聽的親子對話，無法達成共識也摧毀信任。

我訓練自己在溝通時保持冷靜，先認真聆聽孩子的說明，重新思考問題的關鍵嚴重性與要溝通的重點，再將我的看法與建議提出，最後一起商量改進的目標和方法。透過真誠互動，讓孩子感受到我理解他的狀況和犯錯的原因，也相信並尊重他提出的改進方案，他才會願意履行承諾；更重要的是，孩子在成長過程中學習到被信任與原諒的難能可貴。

除了對自己的要求，我也訓練兒子犯錯時，如何進行邏輯思考與贏得他人的尊重。兒子五歲時的生日禮物，是一個專屬於他的「自省角落」。我認為，五歲後他不再是懵懂無知、牙牙學語的嬰兒，而是可以思考也要學習負責的孩子了。做錯事的時候，他就要走到自省角落面對牆壁，安靜檢討並想出改進方法。

我要求他，每次犯錯時有紀律的思考三件事：一是做錯了什麼？二是為什麼做錯？三是改善的行動計畫。想通了就能和我溝通並取得共識。當孩子能認錯也釐清做錯的原因時，才有機會改進。

自己想出來的改善計畫，
遠比父母權威單向的要求，更有機會達到成效。

兒子小學二年級時，有一回連續三天沒寫功課被老師處罰，回到家後，他自己走到自省角落檢討了半小時，然後認真告訴我：他做錯的事情是忘記做功課，而沒寫功課的原因是聯絡簿不見很多天了，無法記下老師的交代，回家不知道要做哪些功課；他想到的解決方法是，隔天去學校買新的聯絡簿，課間休息不去操場玩，而是把該補的功課在回家前做完，未來也會提醒自己要把該做的事都寫下來，先做完才能上床睡覺。最後的心得是以後要好好保存聯絡簿，回家前檢查一遍，不再丟三落四，也不能因為貪玩而得過且過。

孩子的心清澄透澈，他們不是不明是非，而是需要時間和方法。這種自省的訓練，比父母打罵教訓，更能幫助孩子成長和自律，我希望兒子學會，他不需要給父母一個交代，而是對自己負責。

人非聖賢，身為大人的我們也常犯錯。錯了，就知錯認錯，才有機會改過。犯錯的孩子害怕被大人討厭或放棄，身為父母的我們可以先選擇信任，願意傾聽，以同理心幫助孩子一起化解擔憂與解決問題。

當家庭裡有足夠的安全感，孩子願意主動分享真實的想法，父母才能更理解孩子，用對方法愛護和栽培。

02

肯定孩子的膽識，看見他的光芒

讓孩子提早冒險與接受挫敗，學會擔當與堅持。

許多父母祈求上天讓孩子的人生一帆風順、無往不利，為了避免失敗，拚了命地為孩子設下各種安全網，甚或阻止孩子做超出能力範圍的嘗試，卻忽略了人在愈年輕的時候跌倒，愈有本錢站起來。

剝奪孩子經歷、面對挫敗與克服磨難的鍛鍊，其實是扼殺了他們的生存能力。

上了高中後，兒子決定暫時放棄自小熱愛的籃球，轉而投入完全陌生並看似危險的橄欖球校隊，原本基於運動安全與對他在籃球天分上的了解，我們夫妻倆試圖勸說他打消念頭。幾度溝通後發現，兒子心意已決，他有條理地分析兩種球隊的優劣，搭配自身條件與未來發展的機會點，最後成功說服我們。

我和先生放下心中的憂慮與定見，轉而支持兒子的判斷，也相信他懂得在激烈的運動競賽中保護自己，最後，他努力通過競爭的球員選拔，順利進入橄欖球校隊，在嚴格的培訓過程和賽事中，更讓我們見識到他的膽識和成熟。因為是自己爭取來的抉擇，不論練習時多辛苦或因球賽造成腦震盪受傷，他不喊苦也不抱怨，學會了冒險取捨、自主管理，也懂得如何承擔後果。

二〇二〇年的暑假，兒子主動報名學校一門高階數學課程，短短四週內須完成一整年的授課內容。他原以為能輕鬆駕馭，下一學年能順利再進階選修新的數學課程。沒想到，每天早上八點到下午一點的正規課，一天進度涵蓋四到五個大章節，為了完全吸收、應付每天的大小考試，天天回家複習及做完功課都已半夜，這是他自小到大從沒經歷過的集訓與緊繃經驗。

經歷一週的震撼教育，兒子因為太辛苦，和我商量可否放棄這門課，我告訴他，我能理解這門課的內容設計緊湊也複雜，讓學生們的負擔重、壓力大，但我希望他能堅持下去，不為別的，只因為報名這堂課是他的選擇，既然是自己的決定，就要能回到初衷，想方設法盡力完成。我要讓他明白，**「放棄」永遠是解決問題看似最簡單的選擇，但若能克服磨練，不論是心智或數學能力，都將變得更為堅強。**

我答應他，只要能堅持下去並盡全力學習，不論最後拿到怎樣的成績，都不會責怪他。我希望他學習到，這其實無關分數，而是透過完成艱難的課程，挑戰自己的極限、鍛鍊出實力與生存韌性。

那四週如同魔鬼訓練營，天天都考驗著他的毅力和鬥志。出乎意料，以前容易放過自己的他，居然咬著牙到最後一刻仍然努力學習，完成了屬於自己的「不可能的任務」。課程結束時，雖然沒有拿到理想中的最高成績，但他做到了為自己的決定負責和突破困境，我抱著他興奮地說：「你該為你的擔當和勇氣感到驕傲，媽媽以你為榮！」

記得在兒子七歲時，我曾寫下一封信要給十八歲的他。信中寫著：「在你成長的過程中，我時時提醒自己，不要因為工作的忙碌，犧牲與你相處的時間；更不要因為沒能時時刻刻陪伴在你身邊，產生罪惡感，進而給予過多物質上的滿足，導致你不明白努力才有收穫的道理，成為不懂得珍惜的人；我更警惕，不要因為疼愛你而過度照顧你或保護你太多，讓你沒有及早經歷挫折失敗，無法成為能解決問題、負責任、有擔當的人……。」

當時我寫下這些話的心情是複雜的，因為預見在數位經濟、全球化趨勢下，許多過去寶貴的經驗，甚或成功模式已無法複製或參考，沒有人知道世界下一步會變成什麼樣子，無論居住在任何一個國家或城市，我的孩子終將和所有人一起面對世界快速的轉變與考驗。就如同新冠肺炎疫情的衝擊，產業經濟面貌與社會生活雖然終將平靜，但樣貌與本質已經發生永久的變化。

既然未來的世界是大人們沒有經驗、也無法預知的，身為父母的我們，又如何能用過去的經驗要求孩子照著我們的指令成長與發展？孩子才是這個新世界的主人。

未來的路將充滿挑戰與驚喜，**再怎麼深愛或想要幫助孩子，我們都不該主導或過度干預他們的人生。**孩子有能力找到人生的出口，有權利選擇生活的方式，他們的人生該由自己主宰、開展和負責，如此才能領悟生命的可貴，獲得真正的幸福和喜悅。

在許多的嘗試與錯誤中，我逐漸懂得父母可以扮演的角色。我們能輔導，當孩子的生活教練，啟發孩子成為正直善良的人，鼓勵孩子認真生活、勇敢體驗，從失敗中學習並練就生存能力；我們能支持及當孩子的啦啦隊，成為他追求所愛、衝鋒陷陣時的後盾。

在相處時，看見也肯定孩子身上的光芒，

適時表達愛與稱讚，如此的親子關係會是人生中最美好的相遇。

03

跨越生死，讓愛延續

相信愛一直都在。

經典暢銷書《最後十四堂星期二的課》作者米奇．艾爾邦（Mitch Albom）寫過：「人生的意義在於溝通，在於尋找相互之間的關係，而生命中最重要的事情是，學習如何付出愛以及接受愛。」回顧我的成長歷程，我幸運在愛裡成長，也學會盡力去愛，即使我愛的人終究會離開。

很多人以為我天不怕、地不怕，其實「死亡」一直是我的死穴，我憂見「生離」，更深怕「死別」。人生第一次經歷的死亡經驗，是我深愛的外婆在我讀大學時過世，那讓我深刻體會「謀事在人，成事在天」，原來不是所有事都可以靠努力克服。一般人也許難以想像，這看似簡單平常的道理，對向來相信「有志者事竟成」的我有巨大的衝擊。

上大學後，為了在最短時間內把學分修完提早畢業，我和弟弟寒暑假都留在美國修課，鮮少出遊度假或回臺灣探親。唯一例外是大二升大三的暑假，外婆中風住院的消息傳來，我立刻放棄暑期課，選擇飛回臺灣，自願在醫院當外婆的看護，誓言要「救回」外婆。我知道雇用一名專業看護就能減輕照護的辛苦，但當時的我自認對外婆的愛和照顧無人可取代，沒有人比我更適合照顧她，而且愛一定能戰勝病魔！

我搬進醫院兩個半月，成為外婆的全天候看護，不但配合醫生指示，更努力研究相關的醫學知識，了解中風的成因及復健的技巧，一度還讓醫院裡的護理人員以為我是醫學院的學生，外婆也確實在我的細心照顧下，病情大幅好轉並逐漸穩定。

短短兩個多月，外婆奇蹟似地從不能說話到能簡單對話、從不能走路到可以緩慢自主行動，比醫生預期的康復速度理想許多。暑假結束、學校開學前，我把照護外婆的原則和做法有條理地交接給看護，然後帶著滿滿的自信和喜悅返回美國。當時我告訴自己，全力付出就會有所回報，人定勝天，外婆當然會完全康復，長命百歲！

不料事與願違，幾個月後，意外傳來外婆過世的噩耗。我感到震驚並且深受打擊，原來，這世上有再怎麼努力仍無法如願的現實！

外婆告別式那天，在禮儀師下令蓋棺的強大撞擊聲中，我失去摯愛的外婆，也深切領悟命運的嚴酷。老天爺給我上了寶貴的一課，「生與死」無論再怎麼掙扎，都無法逆轉。此後，我開始害怕面對「死別」，徹底明白人類的渺小，不再無所畏懼。

外婆的離去我無力回天，爾後，又經歷了母親的久病，讓我長期生活在隨時會失去摯愛的恐懼裡。因為害怕失去，讓我更堅定和家人的相守，在母親第一次罹癌後，我就下定決心，當父母健在時，無論待遇和職位多優渥，絕不考慮國外的工作，好讓自己能守護珍愛的家人。

母親生病十六年，歷經五次不同癌症與各種治療，我和弟妹齊心協力一起照料，每回母親病發住院，我們兄弟姊妹便各司其職與分工合作。我打聽並安排最理想的醫院和醫生；博學的弟弟負責研究病情、治療選項與副作用的分析，以利我們和醫生有效討論，為母親做最好的判斷；貼心的妹妹不僅在家照顧父親的生活起居，也分擔陪伴母親的工作。

然而，生死有命，家人間再怎麼相愛相依，該面對的終究逃不掉。四年多前的一個早晨，我在公司接到母親再次發病的電話，我推斷應是中風或癌細胞轉移的情況，依循過去的經驗，我立刻通知醫院，同時啟動家庭照護機制，聯絡弟弟妹妹分頭準備，但這次跟過去不同的是母親的反應。一向溫柔聽話、不想麻煩家人的母親，這次卻意志堅定地要求大家先不要去醫院，而是希望所有人盡快回家集合。

家人都到家後，母親平靜溫暖地和我們一一道別，她緩緩地說：「謝謝你們對我的照顧，很抱歉，我病了這麼多年，讓你們這麼辛苦，現在我準備好要離開了。我這一生沒有遺憾，三個孩子的孝心和能力讓我欣慰和驕傲，我知道即便我不在了，你們還是會好好照顧爸爸，也能好好地生活。」

母親接著緊握著我的手說：「心慧，不要害怕也不要責怪自己，這些年，妳已經為媽媽做得夠多也做得夠好了，媽媽謝謝妳！」母親知道，我對家人死亡的恐懼和好強性格，一定很難接受她最終離開的現實，為了讓我能堅強活下去，這個交代和肯定，是她送給我最後的恩惠。個性柔弱的母親，對家人的告別異常勇敢，一滴眼淚都沒掉。我摯愛的母親，她是真的放下了。

母親終究走到了人生盡頭，再次面對「死亡」這個考驗，我瀕臨崩潰邊緣，無法接受母親離開，遺憾母女緣分只有短短四十幾年，也不斷反省，為什麼沒有能力再次救回母親？在那段渾渾噩噩的日子裡，有天夜裡，夢見母親對我微笑並擁我入懷，沒有對話的夢境，但我真實感受到母親的愛和訊息，她提醒我要堅強。夢醒後，我將留了三十多年的長髮剪掉，用短髮提醒自己不要忘記母親的樣貌、恩情和無條件的愛，我領悟到，愛其實一直都在，分離只是讓我學習以另一種方式繼續愛的考驗。

我決定跨越生離死別的痛楚，讓愛延續，勇敢鍛鍊求生的韌性。

04

真正的朋友，是家人的延伸

把寶貴的時間和心意，
留給珍視的人。

母親生前有幾位交往數十年的手帕交，十位好朋友以姊妹相稱，其中最年長的母親，被尊稱為大姊，她們情同手足，一起經歷人生各種風景，苦樂與共。姊妹間的真摯情感，最後成為母親對抗病魔的重要精神支柱之一。

母親在世時，健康狀況時好時壞，姊妹們透過每週相聚的「儀式」，傳遞她們的愛與支持。不論是旅行、戶外踏青、下午茶或是聚餐，每每讓母親感到幸福與被愛；母親生病後期，病重虛弱無法出門，姊妹淘仍一如往常，每週在母親家裡集合，舉辦屬於她們的互助姊妹會，藉由這樣的相聚帶給母親希望，鼓勵她堅強。即使在母親臨終前，甚至離世後，這些重情義的阿姨們，還是堅持聚在病床邊和靈堂前，準備她喜愛的黑咖啡和起司蛋糕，與母親相會。

長輩們如此情深義重，讓我見識到真切友誼的可貴，也改變了我對朋友的定義。我領悟到，摯友是沒有血緣的家人，既然是家人就該真實關愛和付出。**人生短暫，我選擇將寶貴的時間用在我在意也喜歡的人身上，朋友亦是如此。**

我對驕傲、膚淺、自私，或總是故意堆砌某種虛假形象的人避之若浼，我喜歡親近真誠樂觀、努力、大愛、孝順的人。試想，如果身邊圍繞著一群擁有這些正向特質的朋友，自然會不斷學習和進步，人生也會因此充滿向上提升的正能量。**物以類聚是真理，選擇和誰交往，反映了我們是怎樣的人，以及未來將成為怎樣的人。**

選擇朋友需要清楚的意志與自信；
經營情感則需要真切的互動與付出。

因此，我追求也享受與朋友間有品質的對話和相處，盡可能避免沒有意義、或僅追求表面歡樂的交際活動。父親曾提醒，酒肉朋友談笑風生看似愉快，卻不會在困難時給予幫助和支持，他希望我能為朋友雪中送炭，而不要成為別人錦上添花的泛泛之交。

我從小不在意身邊朋友是多或少，但只要是認定的朋友就會認真對待，真心交往。有人形容我是「朋友的黑卡」，只要他們需要我，肯定使命必達。這種態度迫使我必須限縮交友範圍，也讓我有幸結交一些能同甘共苦、相知相惜的摯友。

朋友交往的過程中，會透過不同事件互相了解，也能不斷建立情感和信任。我有一對夫妻好友將我列為保險受益人，他們知道，如果有天不幸同時發生意外，我會善用這筆保險金，好好照顧他們的家人。另一位好姊妹得知罹癌後交代我，萬一她離開，請我照顧她的孩子，因為她相信，我會和她一般疼愛她的孩子。如此的情誼是雙向的，我們知道能相信彼此。

真正的朋友是家人的延伸，與好友交心的每一刻都不會白費，但是，與人生過客的虛情假意則無形中浪費了生命。深思我們真正想要的生活，不渾渾沌沌，而是掌握人際主導權，把寶貴的時間和心意留給我們珍視的人。

QA

教養孩子，有沒有獨特的心法？

親子教養與團隊領導相似，
愛與信任讓孩子無所畏懼也無所不能。

我沒有教養孩子的必勝戰略，卻因為職場上帶領團隊的訓練與領悟，有些可以提供參考的觀點。教養孩子和管理團隊有許多相似之處：

- 先讓孩子（**團隊**）知道我們珍愛和信任的心意，有安全感和感到幸福的孩子（**團隊**），不會變壞也多半能表現優異。

- 和孩子（**團隊**）分享家（**組織**）的願景，讓他們因為想要一起達到理想而願意跟隨我們。清楚溝通家（**組織**）的價值觀與遊戲規則，讓孩子（**團隊**）了解哪些事該做、哪些不能做，以及各自的職責。
- 能傾聽和耐心對話，讓孩子（**團隊**）安心表達自己的想望和需要，也讓孩子（**團隊**）能一起貢獻，成就家（**組織**）的幸福（**永續經營**）。
- 培育孩子（**團隊**）的生存力和競爭力。
- 父母是家庭的領導者，教育孩子和帶領團隊的成功關鍵，其實大同小異。

和朋友聊到教養時，有時會聽見對方說：「書上或專家是這麼說的。」他人的分享和論點雖然能幫助我們學習與啟發，但實際上沒有什麼理論是全然正確又能一體適用，不必照單全收。重要的是，個人實戰經驗和對孩子透徹的認識與對話，綜合可靠且專業的知識，內化成一種適合自己和孩子的做法。

沒有人是「為人父母」的專家，沒有人知道怎麼做是完美的，因為完美的父母或孩子並不存在，所有人都是邊做邊學，邊錯邊修正。**親子關係的和諧點，是找到適合彼此相愛和相處的方式，並激發出對各自最好的成長和幸福。**

我總是告訴兒子：「媽媽盡力了解、啟發你，也尊重你，全心愛你，在你需要的時候支持你，不強迫你做不願意的事，不限制你的興趣和想望，因為最終這是你的人生，不是我的。但我希望你有意識地發掘自己，知道自己想要什麼，努力追求夢想、勇於負責，創造出有意義也沒有遺憾的人生。」

「愛要說出來」是我的習慣，兒子今年十七歲，至今我們還是每天會對彼此說：「I love you.」早上出門說、通電話時說，晚上回家見面擁抱時再說一次。**說出來是傳遞、是確認，也是對彼此的提醒。**

最後，孩子會毫無疑問地相信，「母親的愛」隨時都在。

親子間的意見相左或爭執無法避免，但只要孩子知道我深愛他，這種互信會讓我們能持續溝通，並尊重彼此的想法。無論遇到多大的挫折，千萬不要忘記我們深愛著孩子，別讓孩子有機會懷疑父母的愛。

當孩子知道愛一直都在，就能建構安全感，

面對人生各種挑戰時，將能無所畏懼也無所不能。

我就是個實際案例。

後記

讓每一次決斷，幫助我們認識自己，打開人生更好的可能

有人說，人生中最重要的瞬間，就是在決斷的時候。我們在青春的迷惘不安中，判斷前進的方向；在有限資源的取捨中，開展事業的計畫；在愛情的試煉中，訂下終身的誓約；甚至，在重大危機的高壓中，做出影響許多人的決策……。每個人都是在一連串大大小小的決定中，一點一點地形塑自己獨有的生命旅程。

這本書寫在新冠肺炎疫情肆虐的期間，在改變與反思的時刻，我嘗試整理自己的決斷旅程，從懵懂少年、職場征戰，再到婚姻家庭，分享在人生不同階段時，各種決斷的考量與領悟。沒有人天生就有強大的靈魂與判斷力，足以做出絕對正確的決定，

是那些困難決定後面的掙扎，鍾鍊了意志力、品格與勇氣，讓我們逐漸變成一個更好的自己。

人生是自己的，只有你才是自己真正的主人。不經歷苦痛、不面對現實，人生很難再往前進。不論所做的抉擇，最終是否帶來預期的成功，都別忘了這是上天給的善意訊息，也許時機不對，或當時還沒準備好，但祂其實正暗中鼓勵，試圖告訴我們有能力可以做得更好。

二〇〇八年，《哈利波特》作者J・K・羅琳（J. K. Rowling）在哈佛大學畢業典禮上，送給畢業生一段話：「人生和故事一樣，不在於它有多長，而在於它有多好與多重要。」她說，我們不需要魔法去改變世界，我們早已具備了發揮偉大想像力與執行力的所有能量。每個決定，都是人生的藝術。願我們一起找到生命的意義與信念，人生不迷航，好好活著，創造無限可能，是我希望這本書帶給大家的祝福。

People

人生有所謂，決斷無所畏：做好決定，告別糾結人生！

2021年8月初版　　定價：新臺幣390元
2022年1月初版第七刷

著　　者　唐心慧
文字協力　陳書榕
　　　　　劉芷妤
叢書主編　陳永芬
校　　對　陳佩伶
內文排版　綠貝殼
版型設計　鄭婷之
封面攝影　林莉婚紗
封面設計　張巖

出版者　聯經出版事業股份有限公司
地址　新北市汐止區大同路一段369號1樓
叢書主編電話　(02)86925588轉5306
台北聯經書房　台北市新生南路三段94號
電話　(02)23620308
台中分公司　台中市北區崇德路一段198號
暨門市電話　(04)22312023
台中電子信箱　e-mail：linking2@ms42.hinet.net
郵政劃撥帳戶第0100559-3號
郵撥電話　(02)23620308
印刷者　文聯彩色製版印刷有限公司
總經銷　聯合發行股份有限公司
發行所　新北市新店區寶橋路235巷6弄6號2樓
電話　(02)29178022

副總編輯　陳逸華
總編輯　涂豐恩
總經理　陳芝宇
社長　羅國俊
發行人　林載爵

行政院新聞局出版事業登記證局版臺業字第0130號

本書如有缺頁，破損，倒裝請寄回台北聯經書房更換。　ISBN 978-957-08-5896-9 (平裝)
聯經網址：www.linkingbooks.com.tw
電子信箱：linking@udngroup.com

本書的完成，感謝：李馨、周麗君、施昱伶、陶淑真、許鐶齡、彭敏珈、賴玫君、盧諭緯、盧靜儀（依姓氏筆劃排列）

國家圖書館出版品預行編目資料

人生有所謂，決斷無所畏：做好決定，告別糾結人生！
/唐心慧著．陳書榕、劉芷妤文字協力．初版．新北市．聯經．2021年
8月．240面＋16面別冊．14.8×21公分（People）
ISBN 978-957-08-5896-9（平裝）
[2022年1月初版第七刷]

1.成功法 2.生活指導

177.2 110009850